近年のユニコーンのバリュエーションと主なVC

CB Insights「The Complete List Of Unicorn Companies」データより作成(2022年3月時
https://www.cbinsights.com/research-unicorn-companies https://initial.inc/enterpris

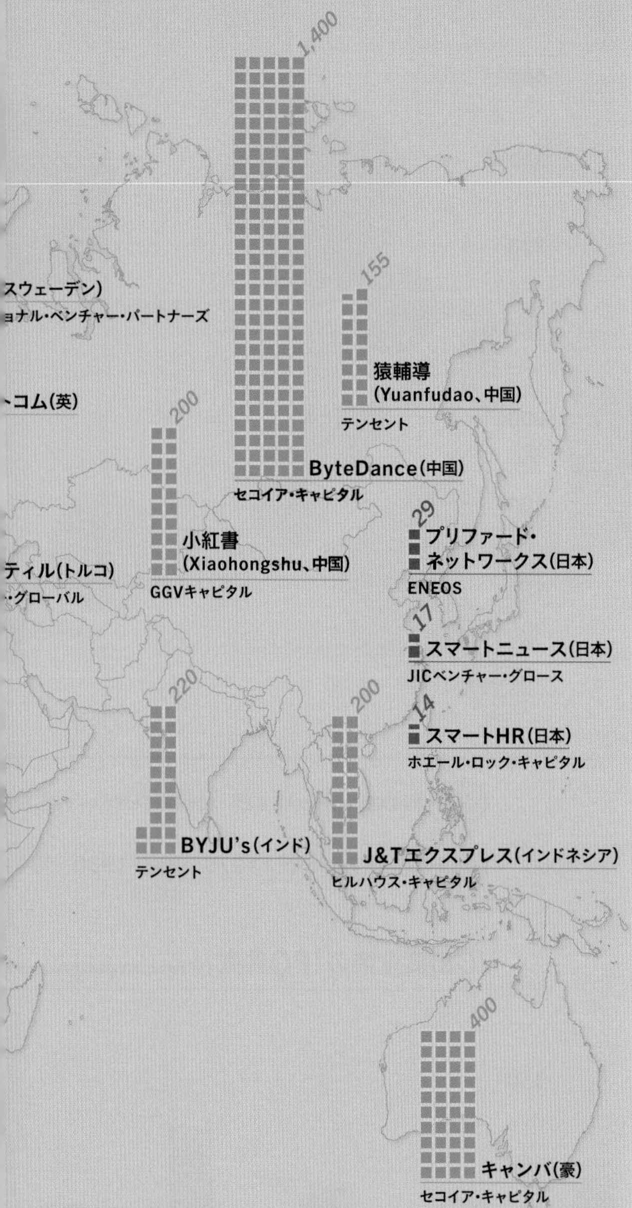

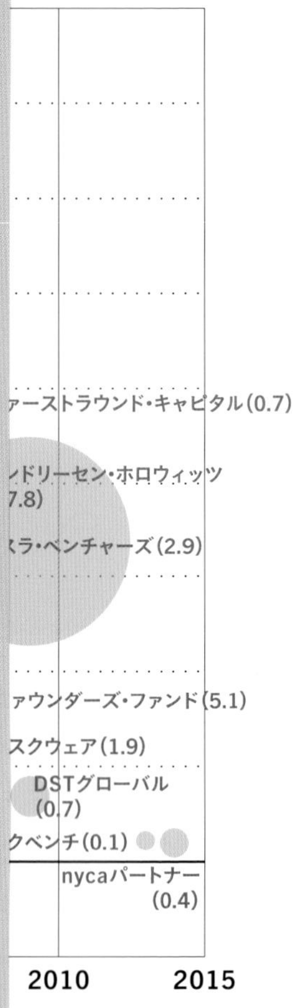

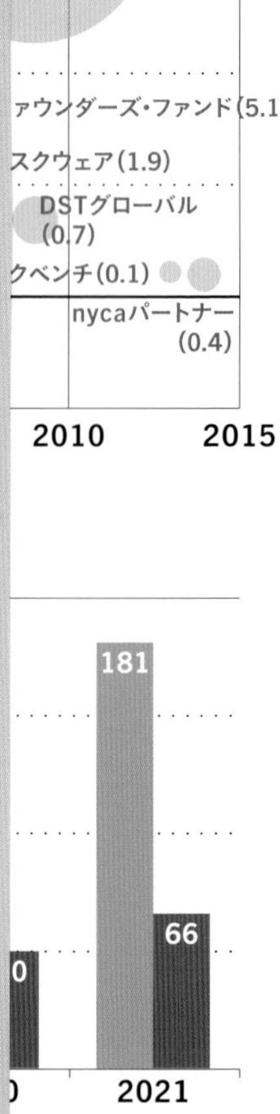

＊バリュエーション額はグラフの大きさと数字(億ドル)で示した。

。日本はINITIAL「2021年 Japan Startup Finance」より作成(2021年12月時点)。1ドル＝120円で換算
resources/japanstartupfinance2021

Theories of Startup Investment

スタートアップ投資のセオリー

米国のベンチャー・キャピタリストは何を見ているのか

中村幸一郎
カウフマン・フェローズ・プログラム協力

Koichiro Nakamura
Kauffman Fellows Program

ダイヤモンド社

CONTENTS
目次

CONTENTS

序章
Prologue

オリエンテーション
Orientation
ベンチャー・キャピタルの基本

第1章

Chapter 1
ユニコーンを見つけるレンズ

CONTENTS

第2章

Chapter 2
ユニコーンの将来予測

第3章

Chapter 3
ユニコーンを測る物差しとキャピタル・デザイン

CONTENTS

第4章

Chapter 4
ベンチャー・キャピタル7つの機能

第5章

Chapter 5
米国のVCと日本のVCの違い

CONTENTS

特別インタビュー

Interview
カウフマン・フェローズ・プログラムの進化

終章

Epilogue

Prologue

序章

当時、VCという職業はあまり知られていなかった。
彼らはとても秘密主義的だったんだ。
その秘密を自分たちだけのものにしたかった。

カウフマン財団カウフマン・フェローズ・プログラム創立の立役者
マイク・ハーマン

カウフマンの教室にて

「あなたたちは、**ハンズオン**という言葉を普段使っている？」

米国シリコンバレーのベンチャー・キャピタリスト育成プログラム「カウフマン・フェローズ・プログラム（Kauffman Fellows Program）」の授業で、そんな講師の問いかけに、若手のベンチャー投資家の手が次々と挙がります。講師を務めていたのは、シリコンバレーを代表する老舗ベンチャー・キャピタル（VC）、クライナー・パーキンス[1]で当時著名だったベンチャー・キャピタリスト、リサ・スタック（敬称略）でした。

場所は、スタンフォード大学にほど近いビルの一室のレクチャールーム。厳しい審査を潜り抜けた40人ほどの受講者の中に、筆者もいました。

「ハンズオン」とは、スタートアップ企業の経営に入り込み、手助けし、成功に導くこと。それは日本でも、ベンチャー・キャピタル（VC）の重要な機能であり、姿勢のように認識されています。

しかし、リサはこう続けました。

「ここに参加している人たちは“ハンズオン”と言うのは今日からやめてください。少なくともクライナー・パーキンスでは、ハンズオンという言葉を使うことはありません」

なぜ「ハンズオン」はダメなのか。

教壇に立つリサは、こう言いました。

「あなた方がプロのベンチャー・キャピタリストならば、その分野のビジネ

1　シリコンバレー最古参のベンチャー・キャピタルで、設立はセコイア・キャピタルと同じ1972年。アプライド・マテリアルズ、コンパック、エレクトリックアーツ、アマゾン、ネットスケープ、グーグル、スポティファイ、ドキュサイン、スクウェア、ロビンフッド・マーケッツなど時代を代表するスタートアップに投資してきた。2019年に18番目のファンドを立ち上げ、6億ドルをアーリーステージのスタートアップに投じている。

スについて世界一知っているスタートアップに投資しなければ意味がない。自分たちよりも、はるかにビジネスのことを知っている人たちに投資すべきなのです。『VCが指導する側』で『スタートアップは指導される側』という認識はまったくの誤りです。ハンズオンという“上から目線”の認識でいるVCは成功できません。皆さんは謙虚になるべきです」

リサは著名な女性ベンチャー・キャピタリストで、ヘルスケア分野では右に出る者はいないほどの実力者です。そんな彼女が「自分たちはスタートアップの上にいるのではない」と言ったのです。

張り切って手を挙げた若手の投資家は、すごすごと手を下ろすことになりました。

本書は、世界有数のベンチャー・キャピタリストが集い、その内実について日本ではうかがい知る機会の少ないカウフマン・フェローズ・プログラムの講義内容の一部や、筆者自身の欧米での実務経験を基に、ベンチャー投資の基本原則をまとめた入門書です。スタートアップ企業の競争力をどう測定するのか、そして、どう付加価値を提供するのか。VCの要諦を分かりやすく整理しました。

入門書とは言いつつも、シリコンバレーのVCの最新動向を取り入れ、すでに投資家として実務経験を積まれているプロの方にも読み応えがあるものを目指しました。また、具体的な実例、筆者の実際の体験などエピソードをふんだんに盛り込み、投資やベンチャー企業に興味のあるビジネスパーソンや大学生にも読み物として楽しめるよう心掛けました。本書で示すスタートアップの競争力や**バリュエーション（企業価値評価）分析**は、上場株式に投資する個人投資家にも示唆のある内容になればと考えています。

「上位5%人材」育成

カウフマン・フェローズは、将来のVC業界の中核――上位５％を担う人材——を育てることを目的に設立された教育機関で、毎年40～60人の若手ベンチャー・キャピタリストらが受講を許されます。若手といっても平均年齢は40歳手前ぐらいで、現場の最前線で働いている各ファームのエースたちです。

カウフマン・フェローズは実際に、これまで米国トップ層のベンチャー・キャピタリストを輩出してきました。たとえば、セールスフォース・ドットコム（Salesforce.com）に投資しSaaSビジネスの勃興をVCとして支えたジェイソン・グリーン（220ページにインタビュー掲載）や、ビジネスチャットツールのスラック・テクノロジーズ（Slack Technologies）に投資したマムーン・ハミドなど、VC界のスターが生み出されてきています。

筆者は2007年、このカウフマン・フェローズ・プログラムに、２人目の日本人として足を踏み入れました。ちょうど、アップル（Apple）が初代iPhoneを発売した年でした。2001年のITバブル崩壊を経て、シリコンバレーが再び活気を取り戻した頃です。

2003年にはイーロン・マスクがテスラ（TESLA）を、翌年にはマーク・ザッカーバーグがフェイスブック（Facebook）を創業し、セールスフォース・ドットコムが新規上場（IPO）を果たしました。2006年にはジャック・ドーシーがツイッター（Twitter）を創立しています。これらの2000年代を代表する起業家たちが同時期に創業したのは、この時代の活気と無縁ではないでしょう。

カウフマン・フェローズ・プログラムでは、まさにそういった輝くようなスタートアップに投資してきた、または投資している一流の投資家たちが講師役となって、VCとしての立ち振る舞いを叩き込まれます。自身が在籍した２年の間にも、モンゴDB（MongoDB）、トゥイリオ（Twilio）、スクウェア（Square。現Block）、ピンタレスト（Pinterest）といったユニコーンが次々と産声を上げました。

米フォーブス誌が毎年発表する世界のベスト・ベンチャー・キャピタリストのランキング「**マイダス・リスト**（The Midas List）」にも、カウフマン・フェローズ・プログラム出身者が多く名を連ねています。筆者自身もプログラム修了後、三菱商事でのインキュベーション・ファンド立ち上げを経て、シリコンバレーでSozoベンチャーズを創業、コインベース・グローバル（Coinbase）への投資などが評価され、2021年にリスト入りすることができました。

ピーター・ティールやイーロン・マスクら、ペイパル（PayPal）創業メンバーの連続起業家を「**ペイパル・マフィア**[2]」と呼ぶことがありますが、カウフマン・フェローズ・プログラム出身者もまた、VCの「カウフマン・マフィア」ともいえるエコシステムを築いています。そこには、特有の共通言語のようなものがあり、また、スタートアップ企業に対してそれぞれ独特の付加価値を提供しています。日本のVCとはかなり異なる文化を持っているといえるでしょう。

ハンズオンはなぜダメか

冒頭の「ハンズオンという言葉を使うべきでない」というリサの言葉に戻りましょう。

ベンチャー・キャピタリストとして私が培ってきた経験の中で得たのは、やはり彼女は正しかった、という実感です。VCの「ハンズオン」を必要とするようなスタートアップには、投資する価値がありません。

圧倒的な競争力を持つスタートアップから選ばれる立場にあるのが、VCのビジネスの本質です。VCが上から目線でいられるような企業は成功確率がかなり低い、と言ってもよいでしょう。クライナー・パーキンスのような

2　2007年11月13日、フォーチュン誌は「ペイパル・マフィア」というタイトルで１枚の写真付きの記事をアップした。ピーター・ティールのほか、ユーチューブを創業したジョード・カリム、イェルプCEOのジェレミー・ストッペルマンら21世紀を代表する起業家がカメラ目線で写っている。ペイパル・マフィアのという言葉はこの記事から生まれたとされる。https://fortune.com/2007/11/13/paypal-mafia/

歴史があるVCでも、競争力を持つ企業にできるだけ速くアクセスし、選んでもらえるような付加価値を提供する努力を日々続けています。

Sozoベンチャーズを筆者とともに立ち上げた共同創業者で、そのときカウフマン・フェローズ・プログラムの3代目最高経営責任者（CEO）であったフィル・ウィックハムは「VCは自分の価値を営業する仕事であり、それを理解できないとトップVCにはなれない」と繰り返し言っていました。

そして、冒頭のリサの言葉には、もう1つの含意があります。

「起業家には本業に集中してもらい、彼らがやってほしい周辺の仕事を担うことがVCの役割だ。起業家の邪魔をしてはならない」

VCは、ハンズオンで起業家の本業に関わる部分をフォローする必要はありませんが、本業を支える周辺の仕事で起業家に決定的な付加価値を与えなければ、投資の機会が与えられないのです。「下働きをせよ」ということです。

自分の会社だけを見て「部分最適」に全身全霊を尽くす起業家に対して、業界全体や類似の起業家を長期にわたって見ているVCには「全体最適」の視点やネットワークがあります。起業家にはできない「周辺のこと」、たとえば特殊な専門性を持つ人材の採用や接点がない顧客・パートナーの紹介、財務や法務専門家の紹介、メディア対応といった機能を提供することが重要となります。

筆者らが創業したSozoベンチャーズは、米国のスタートアップに投資するVCです。米国のスタートアップがグローバル展開をする際の橋頭堡として重要な意味を持つ日本市場[3]への進出をサポートするVCとして地位を確立しています。そうした強みがなければ、スタートアップから投資することを

3　P155のコラム参照

「許されない」のです。

パランティア・テクノロジーズ（Palantir Technologies）やツイッターに始まり、モンゴDB、スクウェア、続いてコインベース・グローバル、ズーム・ビデオ・コミュニケーションズ（Zoom Video Communications）、ファストリー（Fastly）と、投資案件に恵まれました。いずれもIPOを果たしています。これらの銘柄の一部は、イノベーション関連の有望上場株式への投資で爆発的な人気を集めた米国上場アクティブETF「Ark イノベーションETF[4]」に組み入れられたことなどで、日本の個人投資家の間でも非常に人気の高いハイテクグロース銘柄となっています。

投資に値するスタートアップは、彼らのほうがVCを選べる立場にあります。ブランドを確立したトップベンチャー・キャピタリストでも、起業家に対して付加価値を与えられなければ投資への門戸が開かれない、という前提に立って最善の努力を尽くしているのです。

起業家が持つ真の魅力

スタートアップのCEOたちは、多士済々で魅力的です。筆者が接したCEOの中で記憶に残るのは、ズーム・ビデオ・コミュニケーションズのエリック・ユアンです。

ビデオ会議システムを手掛けるズームは2019年４月、米ナスダックにIPOを果たしました。2020年の新型コロナウイルス感染症のパンデミックによる各国のロックダウン（都市封鎖）に伴いダウンロードが急増し、誰もが知る世界的な企業に成長しました。時価総額は1000億ドルを超える巨大企

4　キャシー・ウッドが創業したアーク・インベストメント・マネジメントが運用する。

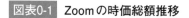

図表0-1　Zoomの時価総額推移

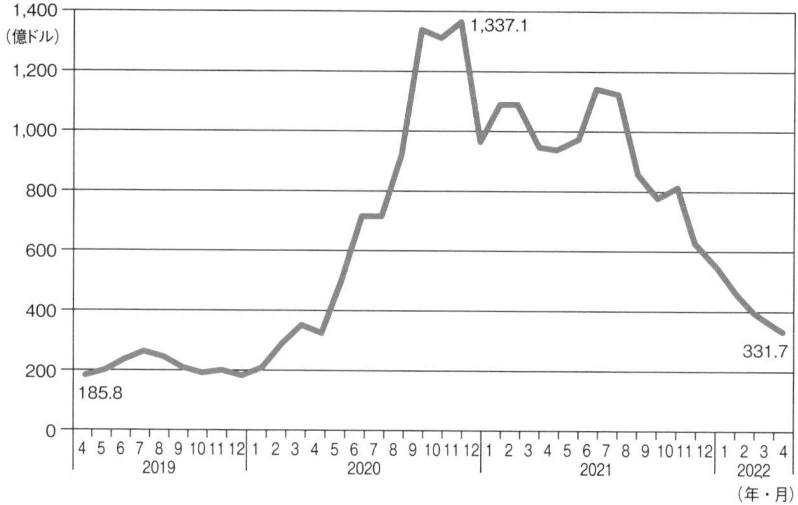

業になっています。パンデミック中にズームが爆発的に普及したのは、それだけシンプルで使いやすいサービスを展開していたからでしょう。

パンデミック後の成長が急激[5]すぎたため、そこに注目が集まりがちですが、ズームはIPO前から世界的に著名な企業でした。その使い勝手のよさから米国内のみならず、日本のほか世界各国でユーザーを伸ばしていたのです。公開価格は１株36ドルで、１兆円規模の大型上場でした。IPO当日は、公開価格比で72％上昇して取引を終了し、その後２カ月足らずで株価は100ドルを超えました。

その同社のIPO直後のこと、Sozoベンチャーズは、投資家に対してファンドの近況を報告するアニュアル・ミーティングを開き、エリック・ユアンをゲストスピーカーとして呼びたいと考えました。当時、エリックはまさに

5　2019年Q4に1億8800万ドルだったズームの四半期売上高は、パンデミックを経た2021年Q1に9億5600万ドルにまで成長。法人（従業員10人以上）の顧客数は8万1900法人から49万7000法人へと増加した。2019年末に66ドル台で取引を終えた株価は、2020年10月に一時588ドル台を付け、時価総額は一時1700億ドルを上回った。

「時の人」。小さなVCのイベントにまさか来てくれるとは思いませんでしたが、奇跡的に引き受けてくれたのです。

エリックが訪れてくれた理由

アニュアル・ミーティングに現れたエリック・ユアンを見て、参加者は色めき立ちました。エリックが顔を出したという話を後で聞いたVCから「自分のところには講演に来てくれなかったのに、Sozoベンチャーズには来てくれるのか」とやっかまれたほどです。

確かにそれは不思議でした。「俺のところには来てくれなかった」と悔しがっていたのはセコイア・キャピタルやエマージェンス・キャピタルといった著名なVCです。なぜSozoベンチャーズには来てくれたのか。アニュアル・ミーティングが終わってからエリックに率直に尋ねてみると、こう言われました。

「約束しただろ」

記憶の底をたどっていくと、このアニュアル・ミーティングの数年前、やはりエリックにゲストスピーカーを頼んでいたことを思い出しました。どうしてもスケジュールが合わず、その時は断られたのですが「次は必ず行く」と言われていたのです。エリックはそれを覚えていました。

エリックがシスコシステムズ（Cisco Systems）を離れて2011年にズームを設立した際、同社の40人に及ぶチームメンバーが彼についてきたというエピソード[6]は有名ですが、その理由が分かった気がしました。

しかし、Sozoベンチャーズがズームへの投資を決めたのは、創業者であるエリックの人柄が素晴らしかったからだけではありません。もちろん、

6　エリック・ユアンはビデオ会議システム「WebEx」に1997年の開発当初からエンジニアとして携わり、WebExがシスコシステムズに買収された後は技術部門の責任者に就いた。WebExにユーザーが満足していないことを目の当たりにし、2011年にズームを設立。シスコのWebモバイルベースのビデオカンファレンスシステムの開発チームが残らずズームに移った。

CEOは企業にとって、特にスタートアップにとっては重要な要素です。しかし、どんな有能なCEOであっても、一人でビジネスのすべてを実行することはできません。CEOを支える、適切な能力を持ったメンバーたちが欠かせません。

有能なマネジメントチームが、圧倒的な競争力を持つビジネスを推し進めることで、初めて企業は成長を始めます。圧倒的な競争力を持つビジネスとは何か。これも、できる限り合理的な方法で測定します。実行力ある「マネジメントチーム」と競争力のある「ビジネス」。私たちベンチャー・キャピタリストは、この2つを徹底的に分析することで、ユニコーンを見つけ出そうとしています。そしてズームは、まさに圧倒的な競争力を持っていました。

国の成長エンジン

未上場株投資分析の権威で、カウフマン・フェローズでも教鞭をとるシカゴ大学のスティーブ・カプラン教授らの実施したVCや**コーポレート・ベンチャー・キャピタル（CVC）**向けのサーベイを基にしたレポート[7]の冒頭にはこんな記述があります。

過去30年間、VCは革新的な企業の源泉であり続けた。VCが支えたアマゾン、アップル、フェイスブック、ギリアド・サイエンシズ、グーグル、インテル、マイクロソフト、スターバックス、ホールフーズは米国にも、そして世界にも大きな影響を与えている。VCの支援を受けている企業は全体の0.25%に及ばないにもかかわらず、IPOした企業の半分がVCの支援を受けている。

一方で、なぜ日本のVCは、アマゾン（Amazon）もアップルもフェイス

7　Paul Gompers, William Gornall, Steven N. Kaplan, Ilya A. Strebulaev (2016), *HOW DO VENTURE CAPITALISTS MAKE DECISIONS?* (p.2)

ブックもギリアド・サイエンシズ（Gilead Sciences）も育くむことができないのでしょうか。

スタートアップは、多くの方が思っている以上に国力の巨大なエンジンになります。2005年にスタンフォード大学のアイラ・ストローブロー教授らが実施した研究[8]によれば、1974年以降に設立された米上場企業の時価総額のうち6割、金額にして4兆4000億ドルはVCが支援した企業のものです(2014年時点)。

また、2010年のカウフマン財団の研究[9]によれば、米国では毎年、平均的に年間300万人の雇用がスタートアップによって生み出されています。米労働省が発表する全米の雇用統計では、毎月15～20万人前後（農業部門は除く)、つまり年間にして200万人ほどの増加が安定した雇用情勢とされていることから考えると、300万人は非常に大きな数字です。

スタートアップ投資は確率論のゲームではありません。ばらまくお金の量を増やせば、良い会社が出てくる確率が上がるというわけではないのです。

非常に残酷な事実ですが、成功する確率が高いスタートアップのプール(集団）と、大多数のそうでないスタートアップのプールは、初期のころから明確に分かれています。見るべきところを見れば、その企業がどちらのグループに入っているか分かるものです。VCが適切にスタートアップを評価する目を持てば、アマゾンやアップルとまではいわないものの、やがて日本にもスクウェアやズームが現れるかもしれません。

圧倒的な競争力を持つ企業を探し出して投資するにはどうすればいいのか。そのためには、毎日、起業家のプレゼンテーションを聞き、論理の展開、起業家の目の力、熱意を感じ……と、そんな想像をする人がいるかもしれません。しかし、やらなければならないことは、そんなことではありません。

8　Will Gornall, Ilya A. Strebulaev (Nov 2005) *The Economic Impact of Venture CapItal: Evidence from Public Companies*

9　Tim Kane (Jul 2010) *The Importance of Startups in Job Creation and Job Destruction*

本来やるべきは、合理的な方法で競争力を測定することです。「当たり前」と思うかもしれませんが、特に日本のVC業界では、この当たり前ができていないケースを数多く見聞きします。

本書は、日本のスタートアップ活性化のためにVCの高度化が不可欠という認識のもと書き上げました。この内容が読者の皆さんの中で生かされ、貢献できることがあれば嬉しく思います。

本書の構成

ここで、本書の構成についてご紹介しておきます。

この序章の直後のオリエンテーションでは、VCの基礎知識をまとめたので、すでにご存じの方は飛ばしてください。そして、第1章「ユニコーンを見つけるレンズ」では、筆者ら米国のVCが企業の競争力をどう評価・分析しているのかを紹介し、第2章「ユニコーンの将来予測」では業績の将来予測の方法、第3章「ユニコーンを測る物差しとキャピタル・デザイン」ではバリュエーションの方法と資本構成のデザインについて解説します。

キャピタル・デザインとは、資本を誰から、いつ、どれくらい調達するのかについての考え方です。単なる分析方法や指標の紹介とせず、ズームやパランティアなど実例を豊富に取り入れ、できる限り指標の本質的な意味をイメージしやすくしました。上場株に投資する個人投資家の方も、投資先企業の競争力を分析する際のツールになることと思います。

第3章までに紹介する手法は、VCのプロであれば最低限知っておくべき内容であり、ベンチャー・キャピタリストの共通言語のようなものです。シリコンバレーのトップVCは、ここで紹介するようなデータをそれぞれが蓄積し、ほかのVCとギブ・アンド・テイクで情報交換をして「マフィア」ともいえる結束を保っています。日本では、いまだに起業家の「目の輝き」や熱意、プレゼンテーションの説得力といった曖昧な“投資基準”がまかり通っていますが、この状況が続くようではVC業界そのものが成長できないのではと危惧しています。

第４章「ベンチャー・キャピタル７つの機能」では、VCの持つ７つの基本機能について解説するとともに、その中でも最も重要な「スタートアップに対する付加価値の提供」について実例を挙げつつ深く解説します。Sozoベンチャーズは、米国スタートアップの国際展開、特に日本市場への展開サポートを強みとしていますので、その具体例も紹介します。

たとえば、インターネット通信の黒子であるコンテンツ・デリバリー・ネットワーク（CDN）[10]を手掛けるファストリーのフラッグシップ顧客として日本経済新聞社の電子版を選んだのはなぜなのか。あるいは、パランティアをどのようにローソンに売り込み、ローソンCEO（当時）の新浪剛史はパランティアにどんな反応を示したのか。ほかにも、マウントゴックス（Mt. Gox）がビットコイン流出事故を起こし、仮想通貨へのネガティブイメージが高まる中、コインベースはなぜ三菱UFJ銀行との資本提携に至ったのかなど、多くの具体例を基にVCが提供すべき付加価値について考えます。

第５章「米国のVCと日本のVCの違い」では、米国のVCの現状やその背景を整理し、米国で「勝ち組」とされる代表的なVCについてまとめました。勝ち組VCがどのようなエコシステムを確立しているのかマクロ的に観察し、日本のVC発展への示唆になればと思います。

本書をきっかけに、少しでもたくさんの方にスタートアップ投資に興味を持ってもらい、日本のベンチャー投資の高度化や活性化につなげられたら、望外の喜びです。

10　分散されたサーバネットワークのこと。コンテンツを保存するサーバとユーザー間の物理的な距離を縮めることでウェブページの読み込み速度を速くする。

Orientation

オリエンテーション

ベンチャー・キャピタルの基本

1 ベンチャー・キャピタルの役割

第1章に入る前のこのオリエンテーションでは、**ベンチャー・キャピタル（VC）**についての基本的な事項を説明します。GPとLP、ラウンド、シリーズ、イグジット、CVCといった基本用語についてもざっと解説します。ある程度の知識がある場合はこの章は読み飛ばし、第1章から読み始めてもかまいません。この章の内容は、第1章以降も適宜説明します。

ベンチャー・キャピタルとは、生まれて間もないスタートアップ企業の発行する株式に投資するプロ集団です。

スタートアップ企業はほとんどの場合、利益を出すどころか赤字です。さらに、今後果たして利益を出せるようになるのかどうかも分かりません。一般に、こうした極めて先行きが不透明な企業に対して、銀行はお金を貸したがりません。またスタートアップ側も、事業がどうなるか分からない中、定期的に、または期限までに確実にお金を返済する必要がある借金はしたがらないものです。

スタートアップは株式を発行し、会社の持ち分を一部売り渡すことで事業のための資金を調達します。この株式を買い取るのがVCです。スタートアップが株式の売却で調達したお金は返済する必要がありません。

イグジット

ほとんどのスタートアップは利益を出すことができないまま消滅して株式の価値がゼロになったり、どこかの企業に安値で買収されたりします。ごく一部は爆発的に成長し、やがて**IPO**（Initial Public Offering：新規株式公開）、すなわち公開市場に株式を上場します。公開市場とは東京証券取引所やニューヨーク証券取引所、米ナスダックなどのことで、さまざまな投資主体が日々、株式を売り買いしています。VCはここで、買ったときの数十倍、数百倍、時には数千倍の価格で株式を売却します。

IPOしなくとも、大企業に高値で**M&A**（Mergers and Acquisitions：合併・買収）される可能性もあります。たとえば日本で後払いサービスを展開するペイディ（Paidy）は2021年、IPOする前に米決済大手のペイパル・ホールディングスに3000億円で買収されました。VCは、このようなM&Aの際に保有株式を売却します。

このようにIPOやM&Aで保有株を売却し、利益を確定させることを「**イグジット**」といいます。日本語で「**出口（戦略）**」という場合もあります。

ごく一般的なイメージですが、米国のVCは投資からイグジットまでに5～10年間は株式を保有し続け、イグジット時点の投資先企業の年間売上高は数億ドル規模、株式時価総額は数十億ドルに達します。日本においては、売上高が数十億円、時価総額は数百億円になる蓋然性のあるスタートアップに投資するのが一般的です。

VCは、成長の蓋然性がある投資先なのかどうかを見極め、また、投資先に対しさまざまなサポートをします。前者については上場株の投資家と同じですが、上場株に比べ業績のトラックレコードが限られる中、極めて専門的な判断をする必要があります。後者については、上場株の投資家にはない特徴といえるでしょう。取締役会のメンバーになるなど経営に深く関与します。

2 さまざまな投資家の形態

VCは、投資家からお金を集めてファンドを組成し、ここからスタートアップにお金を投じます。ＶＣが投資家からお金を集めることを**ファンドレイズ**と呼びます。**資金調達**という場合もあります。

このようにファンドにお金を入れる投資家を**リミテッド・パートナー**

(Limited Partner = LP：投資事業有限責任組合員）といいます。LPには、主に以下のような投資家がいます。

【LPになる投資家】

●金融機関

複数の投資家からお金を集めてファンドを作り、ここからVCに投資します。

●年金基金

企業年金、教職員組合年金などは積み立てられた保険料を運用し、その一部をＶＣファンドに投資します。

●保険会社

積み立てられた生命保険の保険料などの一部をＶＣファンドに投資します。

●事業会社

自社のお金の一部を投資に回し、利益拡大を狙います。ＶＣの投資先企業と提携するなど、事業上のリターンを期待している場合もあります。

このほか、**大学基金**、大きな会社の創業家など資産家のお金を運用する**ファミリー・オフィス**、政府系で公的資金を運用する投資ファンドの**ソブリン・ウェルス・ファンド（SWF）**などがLPになります。

役割と責任

LPは、ファンドにおいて、その名の通り「有限」の役割を果たします。つまり、具体的な投資先や投資タイミングなどについて指示する権利はありません。もちろん、LPにはあらかじめ投資基準が示されますが、その範囲内においてならVCは投資先や投資時期を任意に決定できます。

また、責任についても限定されており、投資資金を失うかどうかを超える責任を負っていません。たとえば、投資先のスタートアップから訴えられて何らかの責任を追及されるようなことはありません。誤解を恐れず整理すれば、LPは投資資金をVCに委ねると、あとはVCがこれを増やしてくれることを待つだけで、何かを指示したり、何か責任を押し付けられたりすることはないのです。

ここまでVCと称してきましたが、より厳密にはファンドを運営する主体を**ゼネラル・パートナー**（General Partner = GP：投資事業無限責任組合員）と呼びます。LPから集めた資金をどんな会社にどれくらい配分するか決め、実行するのはGPの権限です。GPは無限責任であり、運用にまつわる全責任を負います。なお、GPというフレーズは読者のなじみが薄いと思いますので、これ以降は特段の必要がない限りGPのことをベンチャー・キャピタル（VC）と表記します。

●コーポレート・ベンチャー・キャピタル（CVC）

CVCは、事業会社が独自にベンチャー投資をする行為の総称です。さまざまな形態があり、ファンド形式ではなく、ただ単に会社の資金でスタートアップに投資していることもあります。「会社のバランスシートを使ってＣＶＣをしている」などといわれるのはそのためで、専門の事業部門があったりします。

ベンチャー投資のための子会社を設立し、親会社のほか、外部のLPを募ってファンドを運用する場合もあります。たとえばソニーグループは2021年７月にソニーベンチャーズを設立し、ソニーグループのほか三井住友銀行や横浜銀行、川崎重工業、三菱地所などをLPとして「ソニーイノベーションファンド３」を組成しました。

このほか、事業会社１社がLPとなり、第三者のVCとともに「二人組合」（第5章187ページ参照）という特殊な形態でベンチャー投資をする場合も日本では珍しくありません。

3 スタートアップの成長と投資ステージ

スタートアップは、成長段階に応じておよそ4つのステージで語られます。最も初期段階は「**シードステージ**」と呼ばれ、ビジネスはまだアイデア段階か、もう一歩進んだ程度といったところでしょう。この段階で投資するVCは少なく、多くの場合、スタートアップ経営者は自身の預貯金や知人・家族、またはエンジェル投資家と呼ばれる資産家から資金を集めます。

VCの投資が本格化するのは「**アーリーステージ**」からで、その後「**レイトステージ**」となり、**イグジット**します。下図では、ステージごとのキャッシュフローの曲線が示されています。黒字になり始めるのはアーリーステージの中ほどで、レイトステージにはある程度の利益が出ていることになっています。近年は特にソフトウエアの分野で、むしろ売上高を拡大させること

図表　VCがスタートアップの成長を助ける

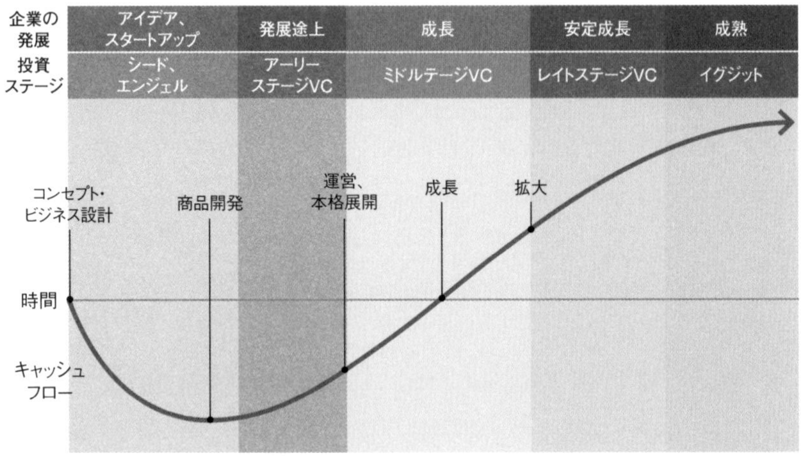

資金源：VC、エンジェル投資家、インキュベーター、アクセラレーター、戦略的投資家、グロースエクイティインベスター、プライベートエクイティファーム、デット投資家

参考：NVCAサイト https://nvca.org/about-us/what-is-vc/

が優先され、損益は赤字のままIPOすることも珍しくありません。

ラウンドとシリーズ

株式を新規に発行し、VCなどの投資家に売却して資金を調達することを「**ラウンド**」といいます。通常は１～２年ごとにラウンドを設けます。スタートアップは事業を続ける１～２年分の資金を調達し、資金が尽きてくると次のラウンドをするわけです。

ところで、VCに対して発行される株式は、一般的な上場株、つまり普通株とは性質が異なります。たとえば投資先企業が行き詰まった際に、残った財産を優先的に受け取る「残余財産分配権」が付与されています。このような株を「**優先株**」と呼び、最初のラウンドで発行した優先株をA種優先株式または「**シリーズA**」と呼びます。次のラウンドでの優先株はシリーズBです。一般的にはこれがそのままラウンドの呼び名となっています。つまり「シリーズAの資金調達」というと１度目のラウンドのことを指します。

ソフトウエア企業であれば、シリーズAでは一般的にβ版の商品（試作品）ができ上がり、シリーズBでは商品化に成功しているのに加えて数億円の取引実績があるようなイメージです。シリーズCになると「**ミドルステージ**」とも呼ばれ、ある程度は事業がスケールして不特定多数の顧客開拓に成功しているのが一般的です。シリーズD以降は、IPOの発射台に乗っているといえるでしょう。当然のことながら、シリーズが進むほど事業規模が拡大し、調達する資金の額も大きくなります。シリーズE以降は１億ドルを超える規模の大型資金調達も出てきます。

ラウンドを小分けにするのはなぜでしょうか。初期段階の調達のほうが、スタートアップにとって調達コストが高くつくからです。シリーズAだと、まだ事業が小さく、これから乗り越えていくリスクがたくさんあります。このためVCは、企業価値を低く見積もり、安値で株式を買い取ることになります。ところが一般的にシリーズＢではシリーズＡのときより事業が拡大しているため企業価値が上がります。同額を調達するにしても、スタートアップから見ればシリーズＡよりシリーズＢのほうが明け渡す会社の持ち分が少なく済むのです。

なお、優先株式はIPOの前に普通株に転換されます。

お金の流れ

LPのお金は、ファンドレイズ（資金調達）を通じてファンドに入り、ＧＰすなわちVCの管理下に置かれます。一般的に、VCファンドの運用期間は10年です。この間、LPは任意にお金を引き出せません。

10年の間に（一般的には概ね最初の５年間に）、複数のスタートアップのラウンドに参加してファンドからお金を出資します。良い投資先であれば、シリーズＢで出資した後に、さらにシリーズＣでも出資するといった具合に追加出資をします。追加出資を**フォローオン投資**といいます。

イグジットが発生して利益が確定すると、運用期間中でも投資元本と利益の一部が戻ってきます。10年経ってようやく、利益を含めた全額がLPの手元に戻ってくる、というわけです。LPとVCが合意すれば運用期間が延長されることもあります。

VCは毎年、運用額（LPからの出資総額）の２～2.5％を**マネジメントフィー**（管理手数料）としてファンド内から受け取ります。加えて、イグジットで売却益が出ると、売却益の20～25％を**キャリー**（成功報酬）として受け取ります。

Chapter 1

第1章

ユニコーンを見つけるレンズ

よくあるスタートアップ神話は、
全能の創業者が一人ですべてを実現するというもの。
でも僕は、どんなプロジェクトも一人でやったことはない。

ファウンダーズ・ファンド創業者
ピーター・ティール[11]

11　『ZORO to ONE』（ピーター・ティール著、NHK出版、2014年、90ページ）

1 スタートアップを評価する2つのポイント

2019年2月、孫正義率いるソフトバンク・ビジョン・ファンド（SVF）[12]がフレックスポート（Flexport）という会社に出資しました。Sozoベンチャーズも、ひとつ前のラウンドでこの会社に資金を入れています。

フレックスポートは、国際物流のプロセスを一手に管理するデジタル・プラットフォームのSaaSビジネスを展開しています。たとえば顧客のおもちゃメーカーは、クリスマスプレゼント用の人形を中国の生産拠点から米国に輸出する時に最も安い船会社はどこかなど、さまざまな情報を端末上で得られ、発注もできます。フレックスポートは、そうした数千のブランドを顧客に抱えています。

実は、これと同じようなサービスを展開する会社はほかにもあります。「競合が多い」「後発組」との評価の一部は事実といえるでしょう。

近年のソフトウエア企業にこうしたケースは多く、ズーム・ビデオ・コミュニケーションズのビデオ会議システムも、パランティア・テクノロジーズのビッグデータ分析も、一見、同じようなサービスを展開する競合がたくさんあります。そのため、メディアからは競争力について必ずしも好意的な報道をされてきませんでした。

しかし、正しい評価プロセスを経れば、そのサービスが圧倒的な顧客満足を実現し、価格競争に陥ることなく採算性の極めて高いビジネスを展開できていることが分かります。フレックスポートもこれに当てはまるスタートアップでした。同社については、章末のケーススタディで詳述しますが、スタートアップを正しく評価するためのポイントを本章で紹介していきます。

12　ソフトバンクグループ傘下の投資ファンドで、2017年にSVF1、2019年にSVF2が活動開始。データ・AIを活用した企業に投資する。2021年のソフトバンクグループのアニュアルレポートによると、保有する株式価値は7.5兆円（2021年3月末時点）。

エレベーターピッチで投資は決められない

「**エレベーターピッチ**」という言葉があります。エレベーターに乗っているほどのわずか数十秒間で、自分の会社の強みを説明するプレゼンテーション技術を指します。

ベンチャー企業はプレゼンスキルを磨き、ポイントを押さえた短い時間で投資家にアピールする。投資家はそんな起業家の「目の輝き」や「カリスマ性」「熱意」を見て投資を決める。いまだに日本ではベンチャー投資についてこんなイメージがあり、また実態もそれに近いものがあります。

「シリコンバレーのベンチャー・キャピタル（VC）は1週間に何社のプレゼンテーションを見ているのでしょうか」
「プレゼンテーションでどこを見ているのですか」

プロのVCからも、筆者がそうした質問を受けることは珍しくありません。

しかし、VCが突然プレゼンテーションを見てその場で投資を検討するということはまずありません。たとえば銀行の場合でも、まったく取引のない会社の社長と会って1回のプレゼンテーションだけで融資を決めたと聞いたら、誰しも違和感を覚えるでしょう。エレベーターに乗っている数十秒の間に見知らぬ若い社長の話を聞き、融資する銀行があるでしょうか。

考えてみれば当たり前ですが、サービスが高度化し、かつ複雑化した現在では、ひと目見て「革新的だ」と判断できるサービスはほとんど存在しません。近年の有力スタートアップが展開するサービスは、少し使っただけでは競合サービスと見分けがつかないけれど、その実、圧倒的な競争力を持ち、いつの間にか多くの人が使っているようなサービスであったり、何がすごいのか一般の人にはよく分からないけれど、業界の先見性のある人々から見れば革新的なサービスであったりする場合がほとんどです。

かつては、一見して革新的だと分かるケースもあったかもしれません。セコイア・キャピタルのウェブサイトに、ジャック・ドーシー率いるスクウェアに投資を決める際のエピソードが掲載されています。[13]

僕らがジャックに初めて会ったのは、サンフランシスコの彼のアパート。スクウェアには創業者２人とエンジニア２人しか在籍していなかった。僕らは、彼らのアプリとカードリーダーに一目ぼれした。セコイアのオフィスに帰ってすぐ、新しいおもちゃを手に入れた子供のように決済のデモンストレーションを同僚に見せたものだ。

それからすぐに投資した。

2011年当時は魔法に思えた。スマートフォンを、クレジットカード・ターミナルとして使うなんて。今では、それは当たり前になっている。

これは2007年にスマートフォンというまったく新しいデバイスができ、それを活用した革新的なサービスをVCが目の当たりにする瞬間の興奮を切り取った素晴らしい記事です。[14] このエピソードからすでに10年以上が経過し、スタートアップが引き起こすイノベーションは既存の産業と複雑に連携することが多くなっています。分かりやすい革新性だけを評価して投資することはなくなってきているのです。

実行力と競争力

VCがいかにスタートアップを見極めるのかを想像するうえで、プロ野球のスカウトをイメージしていただくと分かりやすいでしょう。

13　セコイア・キャピタルHP。https://www.sequoiacap.com/companies/square/

14　ただし、私が知る限り、セコイアで本件を担当したロルフ・ボーサーは、長い間ジャック・ドーシーをはじめとするスクウェアのマネジメントと付き合いがあり、マネジメントチームの紹介を含めたサポートをしてきていた。このような劇的瞬間のみがすべてだと思ってしまうのは、サッカーの得点シーンだけを見て、ヘディングが上手な背の高いフォワードだけで点を取ったと考えるようなもの。実際その陰には、シュートをキャッチしてディフェンスにフィードしたキーパーや、タックルを受けながらパスをつないだディフェンダー、ラストパスをあげたミッドフィルダーなど泥臭く地道な連携があるのである。

リトルリーグのときから知っている選手がいる。何度も試合や練習を見に行く。家族に話を聞き、コーチや対戦相手の評判も聞いて回る。高校野球で活躍し、やがてドラフトの日を迎え、指名の検討をする。メディカルチェックもして、ようやく契約に至る――。シリコンバレーのVCは、こうしたプロセスに似た、複雑で長期にわたる科学的かつ再現性の高い方法で投資先候補の現状を把握し、投資を決定します。

そのように粘り強く投資先について調べたうえで、いざスタートアップを評価するために大切なのは、ビジネスの「実行力」と「競争力」という２つです。スタートアップは、ビジネスが軌道に乗り仕組み化されているわけではないため、何よりもまず強力な実行力が欠かせません。

実行力を評価するためにVCが観察すべきものは、スタートアップのマネジメントチームです。ビジネスを実行するに足る能力を有したメンバーがそろっているのかどうかをシビアに確認します。

次に見るのは競争力です。競争力を何らかの形で定量化します。

この２点がスタートアップの現時点での将来性を表す重要な基礎データとなり、ユニコーンを見つけるレンズの役割を果たします。上場企業の銘柄分析においても役立つはずです。

カウフマン・フェローズ・プログラムでは「目利き＝英語で言うところのマジック・アイ」を否定します。つまり、起業家の熱い思いとあふれる才能を「奇跡の目」で見抜くといった非科学的な方法は教えられることはなく、企業の競争力を見抜く科学的なアプローチが教え込まれます。この章では、目に見えない企業の競争力をどう可視化、定量化するのかを学びます。

以下に説明する方法は非常にベーシックな方法で、プロフェッショナルに運用されているVCであれば、何らかの形で同様の評価プロセスを走らせていると理解しています。

2 実行力の評価——マネジメントチームの実力

まずスタートアップの「実行力」をいかに評価すべきか、考えていきましょう。

シカゴ大学のスティーブ・カプラン教授らが2017年に発表した論文「How Do Venture Capitalists Make Decisions？（ベンチャー・キャピタリストはどうやって投資を決定するのか）」は、ベンチャー・キャピタル（VC）やコーポレート・ベンチャー・キャピタル（CVC）885機関の回答を得た世界最大規模の興味深いサーベイに基づいた論文です[15]。

その調査によると（**図表1-1**）、投資先を評価する際に最も重要視するポイントとして最も回答が多いのは「チーム」で、全体の47％に達し、次に多い「ビジネスモデル」を大きく引き離しています。ここでいう「チーム」

図表1-1　投資先を評価するポイント

	「最も重要」と回答（％）
チーム	47
ビジネスモデル	10
プロダクト	13
マーケット	8
インダストリー	6
バリュエーション	1
付加価値を生む力	2
ファンドとの適合	14

15　Paul Gompers, William Gornall, Steven N. Kaplan, Ilya A. Strebulaev (2016), HOW DO VENTURE CAPITALISTS MAKE DECISIONS?

とは、経営の中核となるマネジメントチーム（経営陣やそれに準じるマネジメントメンバー）のことです。

ベンチャー投資では、ビジネスモデルやプロダクトといったビジネス面よりも、「人」の評価が重視されていることが分かります。人材こそがスタートアップの「実行力」に直結するからです。この傾向は、投資先がアーリーステージであるほど顕著になります。VCを投資先のステージで分けると、チームを「最も重視する」と答えたのはアーリーステージへの投資家が53%、レイトステージへの投資家は39%でした。

では、マネジメントチームの何を見るべきなのか。「カリスマ性」や「ビジョン」は大切ですが、絶対に必要な評価ポイントかと言われればそうでもありません。事実、同じサーベイでマネジメントチームの資質のうち最も大切なものとして「Passion（熱意）」を挙げたのは54%です。実は「起業経験」もそれほど多いわけではなく50%にとどまります。多かったのは「業界経験」の60%です。

筆者らシリコンバレーのVCは、業界の実務上の深い知見を持つメンバーでマネジメントチームが固められているかどうかを非常に重視します。業界での業務経験がなければ、ビジネスを立ち上げて推進するにあたって具体的に何をすればいいのか分からないからです。ビジネスの実行力を見るために、マネジメントチームの業界経験を徹底的にレビューします。

強いマネジメントチームとは？

スタートアップというと、若いCEOにスポットライトが当たりがちです。しかし、有望な企業は、よく見るとチーム全体としてうまく機能するよう、適切な人材が配置されています。有能なCEOはお金を集めるよりも先に、チームを集めることができます。CEOよりも、それぞれの担当分野で強力にビジネスを推進できるメンバーがそろったチームが大切なのです。

やや極端ですが、CEOも機能の１つであり、創業者がCEOに向いていないなら、VCが代わりのCEOを探してくることもあります。サービスナウ（ServiceNow）はこの例に当てはまり、2003年に同社を創業したエンジニア、フレッド・ルディはIPO前年の2011年「自分はCEOとしての能力を持ち合わせていない[16]」としてCEOを退き、最高プロダクト責任者（CPO）に就きました。

スタートアップ企業が「やらなければならないこと」は業界ごとにだいたい決まっています。サッカーチームのように、与えられたポジションでプレーできる選手がそろっている、またはそろえる合理的な計画があることが必要です。

また、やらなければならないことは成長フェーズごとに変わってきます。製品開発直後には、本格販売前のプロトタイプの製品を作る人材、プロトタイプの市場にアクセスできる人材、プロトタイプのユーザーをサポートする人材が必要です。さらにビジネスを拡大していく局面で、大口の顧客を取ってくるようなセールスマンや、代理店を管理する人材も揃えることになります。売上が増加していくにしたがって、人員や設備といったリソースを適切に増強、配置する人材も必要でしょう。

これはラウンド（資金調達）ともリンクします。シードラウンドやシリーズAの資金調達では、プロトタイプの商品を完成させ、初期の市場を開拓していくのが得意なマネジメントを入れ、その下にチームを作るだけの資金調達が必要です。さらに次のラウンドには、ビジネスを一気に拡大する能力のある人材をそろえることが合理的といえます。

マネジメントチームの業界経験は十分か

適切な人材がそろっているか判断するときに重要になるのが、それぞれのメンバーの過去の経験値です。その企業がリーチしようとするマーケットに

16 セコイアHP。https://www.sequoiacap.com/company-story/servicenow-story/

図表1-2　中心的な人材に求める素養

おける豊富な業界経験がある人材がそろっているかどうかで、ビジネスの成否は決まります（**図表1-2**）。

たとえば、ヘルスケアのスタートアップのマネジメントチームに、大手電機メーカーの元CEOが参画していたとしても、あまり評価されることはありません。今日の世の中では、経営のフレームワークや技術の一般的なイノベーションのような、業界の垣根を超えた普遍的スキルはすぐに陳腐化します。日本で散見される「プロ経営者」がファーストフード業界からIT業界に行くようなケースは、特にスタートアップ業界ではうまくいかないと考えたほうがいいでしょう。

陳腐化しにくい付加価値は、業界の細かい専門知識や複雑な交渉、売り込みにおける勘所、人的なネットワークなど、経験でしか手に入らないポイントなのです。もちろん、業界が違っても有能な人であれば徐々に商習慣に慣れていくかもしれません。しかし、恐らく失敗を繰り返しながら時間をかけて慣れるプロセスを踏まなければならないでしょう。スタートアップには、そうした時間的金銭的な余裕はありません。

アンドリーセン・ホロウィッツのマネージングパートナー、スコット・クポールは著書で端的な表現をしています。[17]

17　『VCの教科書』東洋経済新報社（p.145）

ラーメンだけ食べて床の上で寝ろとは言わないが、限られたリソースしかないほうが、会社にとって重要なマイルストーンに磨きをかけるために役立つし、どの投資も最終的な機会費用と確実に比較検討するようになる。

別の言い方をすると、スタートアップはダイビングをしているようなもので、残り少ない酸素を気にしながら、本当に見たい魚に的を絞って泳ぐようなものです。魚を見たら、もう少し大きなボンベに酸素を詰めて、ウミガメを見に行く、さらに酸素を詰めてイルカを見に行く。マイルストーンごとに、ぎりぎりの酸素状態で泳いでいます。適切な経歴を持つ人材を、ピンポイントで加入させる余裕しかないのです。

必然的にチームは若くなくなる

日本では「スタートアップ企業＝若い」というイメージがあります。しかし、米国でスタートアップのマネジメントチームと接すると、CEOは比較的若くても、脇を固めるマネジメントチームは50歳を超えたメンバーが少なからず混じっています。それぞれの機能としてそれなりの経験がないと、ビジネスを遂行することは不可能だからです。

たとえばパランティア・テクノロジーズは、米陸軍や空軍を顧客に抱えています。2008年からパランティアのグローバル防衛部門の責任者を務めるダグ・フィリッポーネは元陸軍士官です。アフガニスタン、イラク、パキスタンにおける対テロ戦争で、集まった情報や証拠を活用してミッションを計画・指揮した実戦経験を持ち、軍部のニーズに精通しています[18]。このほかセールスには、政府のサイバーセキュリティを担当していた人物もいます。一方でファイナンスを担うのは、米国のトップVCの１つであるファウンダー

18　https://dgi.wbresearch.com/speakers/doug-philippone

図表1-3　ドリシティの工場ラインを合理化する仕組み

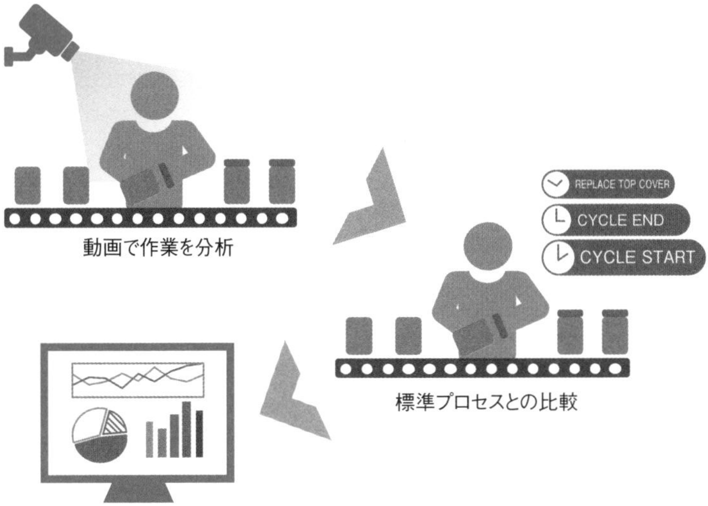

ズ・ファンドでファイナンス経験のある人物です。

ほかにも、Sozoベンチャーズが2020年に投資したドリシティ（Drishti）[19]のマネジメントチームもプロフェッショナルぞろいです。同社はAIによる映像分析で自動車の組立ラインを合理化するエンタープライズSaaS企業です。従業員の動作をカメラ撮影し作業ごとにタグ付けして、標準プロセスからの動作のズレをリアルタイムに可視化して、ボトルネックになっている作業を検出します（**図表1-3**）。

ドリシティにとって日本を含むアジア圏における製造業、特に自動車関連産業や家電関連産業は非常に重要な潜在顧客です。創業者のプラサド・アケラは茨城県つくば市で２年間、研究員をしていた経歴があり、日本の製造現

19　2017年設立。同社によれば、工場での仕事の72％はいまだに人間によって実行されているため、人間の生産性を上げることが工場全体の生産性改善につながる。生産ロボットのために開発された映像分析やビッグデータ分析技術を人間に適用して生産能力を上げる技術を持つ。人間の作業、ロボットの作業、アウトソーシングする作業を再配分する。2020年のシリーズBでは2500万ドルを調達した。

図表1-4　それぞれの職能における経験は必須

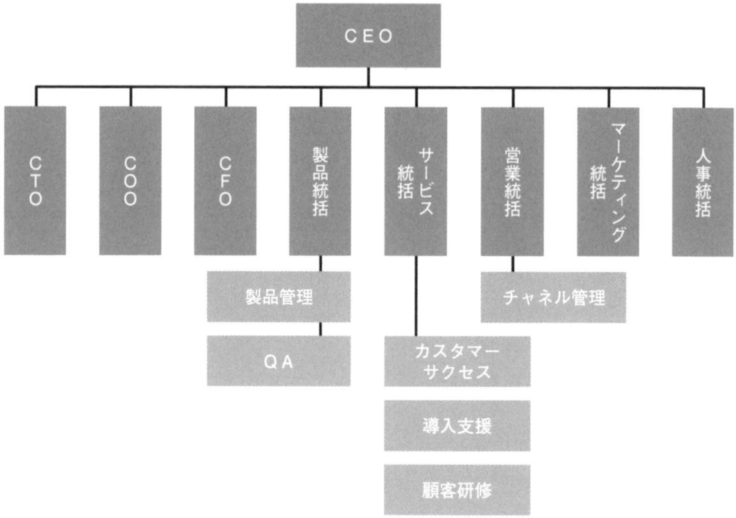

場の「カイゼン」[20]に感銘を受けたそうです。日本企業ではデンソーや日産自動車が、北米拠点でこのドリシティの技術を使っています。Sozoベンチャーズも出資後、マネージング・ディレクターの松田弘貴をドリシティのボード・オブザーバーとして派遣し、日本展開を支援しています。

イメージ通り、開発陣にはスタンフォード大学でAIを研究してきた技術者がいます。セールスチームを統括するのは、ネットスケープの営業担当重役だった人物。その下でサービスを愚直に売るのは、デトロイト生まれデトロイト育ちのベテラン・セールスマンです。また、セールスフォースやサービスマックス[21]（ServiceMax）のようなエンタープライズSaaS企業の経験者が、SaaSビジネスの全体を構築、管理しています。

他社とのパートナーシップ構築に関しては、コンサルティングファームで

20　トヨタ自動車が代表例だが、製造業の生産現場でムダをなくして効率化し不要な在庫を減らす活動のこと。
21　部品在庫や商品在庫の状況、作業スケジューリング、人員の最適配置などの判断を助ける生産現場向けのモバイルプラットフォームを手掛けるSaaS。「コスト削減版セールスフォース」と言われる。2016年、9億1500万ドルで顧客であったGEに買収された。

30年以上にわたり、提携関係の仕事をして、現役を退いた人が責任者をしています。CFOは複数のスタートアップで財務責任者をしていた人で、財務経験は20年にわたります。マネジメントチームには50歳を超えた人も多く、平均年齢は40歳を大きく超えています。

レファレンス・チェックは欠かせない

マネジメントチームのメンバーを選考する際は、履歴書を見るのはもちろん、ネットワークを使って前職の同僚や上司、部下にインタビューします。というのも、米国では一般的といえるでしょうが、履歴書は実態以上に「盛られて」います。米国の会社に「バイス・プレジデント」がたくさんいることが象徴するように、その能力や適性は肩書だけで判断が付きません。その人が日々の業務で実際に何をしていたのか具体的に知ってこそ、どんな仕事を任せて機能するかを判断できます。米国では一般的な「**レファレンス**」と呼ぶ評判調査ですが、日本企業ではこのプロセスを省略したことによる失敗が驚くほど多いように感じます。

経歴が嘘ではないかと疑われる事例も珍しくはありません。かつて存在した都市交通系の米スタートアップは、経営陣がテスラやボックス（Box）の元幹部という「ドリームチーム」で、日本の大手上場企業も投資していました。筆者らがその経営陣の前職にレファレンス・チェックをすると、全員が「そんな人は知らない」と答えました。間もなく、そのスタートアップは消えてしまったのです。

良いパターンは、その人物が職場でよく知られ、どんな仕事をしていたか、すらすらと同僚が答えてくれるようなケースです。一方で、前述のように前の職場の社員から「そんな人は知らない」と言われるケースもあり、これは良くないパターンです。

有望なスタートアップのマネジメントやマネジメント候補者をVCが「まったく知らない」「知る手掛かりが得られない」といったことは稀です。有能な課長・部長クラスは、次々と有望なスタートアップに転職し、VC業界で名が知られているケースが大半だからです。誰に話を聞いてもまったく情報がないような人物はほぼいません。もしいたとすれば、その人物は幹部に迎え入れる人材として適切でない可能性が高いといえます。

日ごろからVC同士で情報交換し、人材の情報を社内に蓄積することもVCの競争力を引き上げる手段です。やはりビジネスを作るのは人だからです。冒頭で述べた通り、まさに「リトルリーグ」の段階から有能な人材を見定めておくわけです。レファレンスをしっかり取れるネットワークがあることがVCには必須といえます。

世界的企業や大手企業の経験は万能ではない

米国のグーグル（Google)、アップル、フェイスブック、アマゾンといったGAFAに代表される世界的企業で働いた経験は、特に日本において無条件に高く評価されがちです。「あのスタートアップは、グーグル出身者が創業した」と聞くと、有望な気がしてくる人が多いかもしれません。

グーグルは非常に素晴らしい会社ですが、いくつかのトップVCは明確に「グーグル出身者は、仕事が細分化された大企業のワークスタイルに慣れすぎているので、ベンチャーの経営陣には向かない」と言っています。

実際に調べてみても、グーグル出身で成功したCEOは米国ではそれほど目立ちません。グーグルはイノベーション企業というイメージがありますが、米国のトップVCの1つであるエマージェンス・キャピタルは「160近いグーグルの新サービスを調べた結果、内部で作られたサービスはクローム（Chrome）ただ1つだけで、残りは外部で開発されたサービスをチームごと買収したもの」とメディアで発言しています。

余談になりますが、グーグル（持ち株会社はAlphabet）に買収された企業は多くの場合チームごと定着し、サービスの継続開発に努めることが知られています。グーグルは新規イノベーションの創出に長所がある組織でなく、むしろ組織運営や人事制度に長所がある企業であるといえるかもしれません。

アドビ（Adobe）やヒューレット・パッカード（HP）も、グーグルと同様に大企業的な組織を持ち、その出身者はベンチャー経営に向いていないと言われています。他方、それらジャイアント・テック企業の人事部門の責任者や担当者は、人事関連サービスの会社では高い成果をあげているケースがあります。

また、データーベースソフトウェア最大手のオラクル（ORACLE）、顧客管理システムのセールスフォース、ECのインフラ企業であるショッピファイ（Shopify）といった会社の出身者は、いくつかのトップVCがスタートアップ企業のマネジメント候補として高く評価しています。

企業イメージと実態は、往々にして異なります。企業の一般的なブランド力からくる先入観をいったんは捨て、「どこに所属していたか」ではなく、「どのような仕事や役割をしたか」を見ることが大切です。組織でどのような役割を果たしたかという点を丹念に確認します。

スタートアップの経営は、限られたリソースのデザインにほかなりません。お金や人材をどう使っていくのか。タンクの中にどれだけ酸素があって、呼吸できる間に何をするのかを考えるのと似ています。その業界、その瞬間において、やるべきことを即実行できるチームなのかどうか、メンバー一人ひとりを見極めます。逆説的な言い方をすると、投資するに足る本当にいいビジネスであれば、いいメンバーを集めることができているはずなのです。

組織・体制が整っているか

業態によってはマネジメントチームのほか、組織についても評価する場合があります。決済や仮想通貨取引などを担うフィンテックに代表されるような社会的なインフラを目指すスタートアップの場合、特にその組織・体制をレビューする必要があります。具体的には、必要な業務経験を持つバックオフィスの専門人材が揃えられているかどうかを見ます。

たとえば金融インフラであれば、規制当局との調整力や、充実したコンプライアンス体制が成長に不可欠な要素となることがあります。専門人材の頭数をそろえていなければ対応できません。フィンテック関連のスタートアップでは、資産と債権を証券化して運転資金を低コストで調達するといった高度な財務オペレーションが、競争力の隠れた源泉になっている場合があります。このようなケースでは、金融機関の調達部門での業務経験者が何人いるかが評価のベンチマークになります。

2016年、Sozoベンチャーズは１株2.8ドルで仮想通貨取引所のコインベース・グローバルに投資しました。上場直後には一時１株400ドルを超え、Sozoベンチャーズとして最も成功した投資案件の１つとなりました。

投資する前段階でコインベースを調査して印象的だったのは、上場前のスタートアップ企業にもかかわらず、200人規模の法務担当者を抱え、しかもその過半が弁護士だったことです。当時、同社が取り扱っていた仮想通貨は４つほど。20前後の仮想通貨を扱っていた競合他社に比べはるかに少ないにもかかわらず、法務面で非常に充実した組織でした。米国内の各州で正式な取引所の認可を取得するためで、実際に州ごとに必要な認可を次々と取得していました。仮想通貨という新しい通貨に当局がどう対応すべきか、専門家として行政に入り込みアドバイスすらしていました。巨額の費用をかけて、セキュリティも盤石のものにしていました。

コインベースは単なる交換所ではなく、仮想通貨の取引インフラを当時から目指していたからです。仮想通貨の取引所はコインチェック（Coincheck）などほかにもたくさんありましたが、これらはいわば“街の両替所”でした。大手企業も相手にする、きちんとした“銀行”のような存在がコインベースの目指す姿でした。コインベースは2021年現在、クレジットカードのビザやテスラなども顧客に持ち、今や同社のプラットフォーム上にある資産の

55%が法人のものです。[22]

コインベースは、2016年には三菱UFJ銀行と資本・業務提携を果たしました。保守的とされる日本の銀行が仮想通貨の取引所と手を組むに至った背景には、コインベースの組織づくりと厳格な規制対応があったのです。三菱UFJ銀行は米モルガン・スタンレーの株主でもあり、日本発のグローバル金融機関です。三菱UFJ銀行との資本・業務提携がブランドとなり、シンガポールの大手銀行DBS[23]などとの提携にもつながっていきます。

コインベース側が望んだ三菱UFJ銀行との提携は、２年程度をかけてSozoベンチャーズがアシストしました。詳しくは第４章「ベンチャー・キャピタル７つの機能」における「付加価値の提供」の項目で紹介します。

CEOの本当の役割

マネジメントチームの重要性を強調してきましたが、もちろんスタートアップにとって最高経営責任者（CEO）の存在が重要であることに間違いはありません。

CEOのタイプは実にさまざまです。優れた専門性を持ち、みずから強力に実務を進めながらチームを引っ張っていくタイプもいれば、専門性がなくともチーム作りがうまいCEOもいます。CEO１人を見ているだけでは「カリスマ性」「パッション」といった曖昧な評価に陥りがちです。CEOが、そのチームの中でどのような役割を果たしているのかを見ることが重要です。

優れたCEOの条件を１つ挙げるとすれば、優れたマネジメントチームを作れることです。本当にいいCEOは、会社にとって何が欠けているか正確

22　2021年Q1実績では、トレーディングボリューム3350億ドルのうち64%、預かり資産2230億ドルのうち55%が法人。法人認証ユーザーは8000以上。

23　政府系の開発銀行として設立され、シンガポールのほかインドネシア、マレーシア、タイ、香港などに展開する。東南アジア最大の商業銀行の1つ。2021年8月時点の時価総額は6兆5000億円規模で、三井住友フィナンシャルグループを上回る。自己資本利益率(ROE)は14%(2021年上半期)と銀行として世界トップクラス。スマートフォンで送金や支払い、資産状況の確認ができる無店舗型リテールバンキングや、インドの基幹業務ソフトとのAPI連携など、デジタル化を推し進める銀行として知られる。

に理解し、また、そこに適する人物を口説くことができるはずです。

ここでは一例として、ビッグデータ分析ソフトを手掛けるパランティア・テクノロジーズのCEOについて取り上げましょう。

パランティアの創業当時からCEOを務めるアレックス・カープは、技術者のバックグラウンドはなく、CEOに就任以前に豊富なビジネス経験があったわけでもありません。スタンフォード大学ロースクールを修了したのちドイツに渡り、フランクフルト大学で哲学者ユルゲン・ハーバーマスに学び、哲学の博士号を取得しています。カープ自身が次のように発言しています。[24]

技術者の学位を持っていない。政府や経済界につながりもない。そんな人間が2005年からCEOをして会社がまだ存続しているのだから、分からないものです。

カープがパランティアのCEOに抜擢されたのは、直接的には共同創業者であるピーター・ティールとスタンフォード大学ロースクール時代からの友人関係だったためです。パランティアは9.11同時多発テロ後、テロと戦う会社としてティールらによって創業されました。ペイパルで開発した不審なお金の流れを検知するアルゴリズムを発展させ、テロや犯罪の防止など、より広いニーズに応えようとする発想です。

ペイパルのエンジニアであるネイサン・ゲッティングス、スタンフォード大学で情報科学を学んだジョー・ロンズデールとスティーブン・コーエンの３人が、2004年にパランティアの基礎的なコードを完成させました。資金を出し、戦略を立てたのがティールでした。しかし、ティールはCEOにな

24　Forbes (Aug 14, 2013), How A 'Deviant' Philosopher Built Palantir, A CIA-Funded Data-Mining Juggernaut, https://www.forbes.com/sItes/andygreenberg/2013/08/14/agent-of-intelligence-how-a-deviant-philosopher-built-palantir-a-cia-funded-data-mining-juggernaut/

る気はなかったようです。

若い創業者らは、潜在的な顧客に自分たちの製品を売り込むことができるCEOとして「もう少し年配の人に来てもらいたかった」[25]と言います。ティールの頭に浮かんでいたのが、複雑な問題を即座に把握し、専門家でない人にも理解できる言葉に変換する能力に長けたカープでした。

Sozoベンチャーズがパランティアに投資して以降、アレックス・カープに対して筆者が感じたのは、チーム作りに長けた経営者だということです。

トップこそがチームとカルチャーをつくる

このカープが、グーグルやフェイスブックの人事から恨みを買っている（！）というエピソードはシリコンバレーでは有名です。有能なエンジニアやデータサイエンティストを次々と引き抜くからです。

「君はその素晴らしい能力で○○なんかを売っていて満足なのか？　今、アメリカ軍とこんな大きなプロジェクトを進めている。君の能力を世界やアメリカ合衆国のために使ってみないか——」

そんな殺し文句で、技術者にCEOみずからコンタクトをとるのです。かつて故スティーブ・ジョブズがペプシコCEOのジョン・スカリーをアップルに招くときに言ったとされる「このまま砂糖水を売って過ごすのか、それとも世界を変えるのか」という有名な言葉を彷彿とさせますが、実際に有能なエンジニアが何人もパランティアに移籍しています。

その成果も、突出しています。国や要人の機密情報を暴露するウィキリークスの隠されたサーバの探索、9.11の同時多発テロの首謀者ウサマ・ビン・

25　前掲記事、Forbes (Aug 14, 2013)

ラディンの捜索、ハリケーン「カトリーナ」の救援物資配給プロジェクト。パランティアの給与はグーグルなどのメガテックに比べて決して高いわけではありませんが、スケールが大きく公共性が高い仕事に携ることができます。2020年から21年にかけては、米保健福祉省と契約し、新型コロナウイルスのワクチン配布のロジスティクスを裏側で支えました。

筆者が日本でパランティアの仕事を取ってきても、同本社の判断で受注しないことがしばしばありました。「主要分野の重要課題を解決する」が会社のモットーであり、カープは受注する仕事を選ぶことで、パランティアのカルチャーを忠実に守っていたからです。エンジニアとしてチャレンジングな課題に挑めるのが、パランティアで働く意義なのです。

Forbesの2013年の記事[26]には、創業者のロンズデールとコーエンがパランティアのCEO候補者としてカープとは別の人物とも会っていたことが記されています。MBAホルダーらカープ以外の候補者は、想定される市場規模の分析について尋ねたりするだけで、誰も印象に残らなかったそうです。一方でカープは、ロンズデールらと（面接と称する）夜の散歩をしながら「世界中の解決できないデータに関する問題を解決する、最も重要な会社を作ることについて話していた」と言います。

こうしたCEOの強い認識がパランティアのコーポレート・カルチャーを形作り、エンジニアを惹き付けているのは間違いありません。

3 競争力の評価1――売上高から見るユニット・エコノミクス

チームメンバーの経験値がスタートアップの「実行力」につながることを述べてきました。ここからは、もう1つのポイントである「競争力」を、ど

26　前掲記事、Forbes (Aug 14, 2013)

のように測るのか考えていきましょう。

競争力といってすぐ思い浮かぶのは、突出した商品・サービスでしょう。そして、有望なスタートアップ企業であれば、驚くような革新的なサービスを持っていると思われがちです。もちろんそうした面はあるのですが、実はその「革新性」は近年見えにくくなっています。分かりやすいイノベーションは、ほぼなくなっている、といっても過言ではありません。

最近の有望なスタートアップは「みんなにとって分かりにくいビジネスではあっても、ある特定のユーザーからすれば非常に優れているサービス」「一般の人からすると、ほかの似たサービスと同じに見えるけれど、特定のユーザーから強く支持されている」ケースがほとんどです。

たとえばズーム・ビデオ・コミュニケーションズにしても、彼らと似たビデオ会議システムを提供する会社は、大企業を含めて昔からたくさんありました。同社の成功を、コロナ禍でオンライン・ミーティング需要が急増したことによる「棚ぼた」と評する人もいます。しかしズームはコロナ流行以前に爆発的な勢いで市場を制圧しており、顧客はそのサービス力の明確な差を理解していました。その結果が会計上の数字に表れ始めたのがコロナが流行し始めてからということにすぎません。

また、ウーバー（Uber）と同様の配車サービスを提供する企業もたくさんありました。パランティアにしても、そのビッグデータ分析が他社に比べてどう優れているのか理解するのは容易ではありません。

１回のプレゼンテーションで彼らの革新性は分かりませんし、ましてや「エレベーターピッチ」で分かるようなものではありません。では、その競争力をどう抽出すればいいのでしょうか。

最近のカウフマン・フェローズのレクチャーでは、スタートアップの競争力を定量化する最も重要な指標として「**ユニット・エコノミクス**」を取り上げています。

ユニット・エコノミクス

ユニット・エコノミクスとは、商品・サービスが1単位売れることで、どれだけの利益が出るかを示す指標です。売上高がいまだ小さく、固定費・先行投資が大きいスタートアップは、会社全体の損益を見るだけでは本当の収益性がどうしても見えにくくなります。商品の純粋な収益性を取り出すことで、商品そのものの競争力を測ります。自動車メーカーであれば1台当たりの利益、SaaS企業であれば顧客1人当たりの利益などです。

カウフマン・フェローズでは実際のスタートアップの数字を使った興味深いケーススタディでレクチャーが展開します。大方の予想に反するかもしれませんが、ユニット・エコノミクスはしばしば二極化します。ズームやパランティア、そして国際物流分野の巨大データプラットフォームとして近年注目を急速に集めつつあるフレックスポートは、ユニット・エコノミクスが初期の段階から異常に優れていました。

ユニット・エコノミクス ＝
サービス1単位の売上高 － 1単位の販売にかかったコスト

サービス1単位の売上高とは、たとえば一般的なSaaS企業であれば**ARPU**（Average Revenue Per Unit：1人当たり売上高）です。ズームであれば1ユーザー当たり、パランティアであれば1ロゴ（法人）当たり、エアビーアンドビー（Airbnb）であれば予約1件当たりの売上高です。あくまで課金しているユーザーが対象であり、ARPUの計算に無料ユーザーは含みません。競争力のあるサービス・商品であれば、ARPUを高く保てます。逆に競争力を持たなければ、価格競争に巻き込まれARPUは低くなります。

ARPUから、原価（売上高に比例する変動費）と、サービスを売るためにかかるコストを差し引いた後に残るものがユニット・エコノミクスです。純粋なサービスの付加価値を反映します。つまり、サービスの本質的な競争力の代理変数となります。本当に良いサービスは、きちんとお金が取れるのです。

注意が必要なのは、サービスを売るためにかかるコストが、必ずしもすべて営業関連と分かる項目に含められているわけではないということです。広告費用をセールス関連費用（S&M：Sales & Marketing）として計上し、それにかかわる従業員の人件費は一般管理費（G&A：General & Administrative）に計上しているといった場合もあります。さまざまな費用それぞれの本質を理解し、正しくユニット・エコノミクスを算定することで純粋な付加価値を取り出すことができます。肝を押さえ、モデルを作り、ユニット・エコノミクスをチューニングする必要があります。

意外に思われるかもしれませんが、米国のトップVCの１つで、テスラに投資するなどビッグアイデアに大きく張ることで知られるファウンダーズ・ファンドのピーター・ティールは、ユニット・エコノミクスを最も重要視していると発言しています。「ベンチャーだから数字の分析はしなくてよい」というのは明らかな誤解であり、たとえアーリーステージのベンチャーであっても、仮説、モデルを使ってこうした分析を精緻にする必要があります。これをしなければ、本当にいいサービスかどうか分からないからです。

練習問題❶

クラウド上にデータを保管し、共有もできるサービスを展開するドロップボックス（Dropbox）を例に、ユニット・エコノミクスを計算してみます。ドロップボックスは、カウフマン・フェローズ・プログラムのユニット・エコノミクスの講義でケーススタディとして取り上げられています。

ドロップボックスはすでにナスダックに上場しており、決算は誰でも見ることができます。2020年のユーザー数および損益計算書は**図表1-5**の通りです。

図表1-5　ドロップボックスのユーザー数とPL

ドロップボックスのユーザー数	
登録ユーザー	6億5000万人
うち有料ユーザー	1490万人

※ユーザー数は、2019年12月末時点と2020年12月末時点の平均値

ドロップボックスのPL（単位:$）	
売上高（Revenue）	19億1390万
直接費用（Cost of Revenue）	4億1460万
粗利（Gross Profit）	14億9930万
研究開発費（R&D）	7億2750万
セールス関連費用（S&M）	4億2280万
一般管理費（G&A）	2億2780万

ユニット・エコノミクス = ARPU － 原価（変動費） － セールス関連費用

ユニット・エコノミクスの計算に使うのは、有料ユーザー数1490万人です（期中平均）。売上高19億1390万ドル÷ユーザー1490万人＝ARPUは128.4ドルとなります。さらに**図表1-6**で示した通り、１人増えるごとに追加的に増える直接費用（原価）は、ドロップボックスの場合はストレージとバンド幅にかかるコストで、１ユーザー当たり約27.8ドルなので、ドロッ

図表1-6　ドロップボックスのユニット・エコノミクスの計算（単位：ドル）

売上高（ARPU）	128.4
直接費用	27.8
粗利	100.6
セールス関連費用	28.4
ユニット・エコノミクス	72.2

プボックスの1ユーザー当たりの粗利は年100.6ドルです。

ユニット・エコノミクスには、サービスを拡大させていくコストを算入する必要があります。これがセールス関連費用で、1ユーザーにつき28.4ドルかかり、ユニット・エコノミクスは72.2ドルとなります。

実際に計算してみると明らかなように、ユニット・エコノミクスは収益性を保ちながら事業をスケール（成長）させていくための指標であることが分かります。28.4ドルのセールス費用をかけて100.6ドルの粗利を生む顧客を新規に獲得し、その粗利100.6ドルのうち28.4ドルをセールス費用に回し、新たに100.6ドルの粗利を生む顧客を獲得する。こうした拡大サイクルが回り、やがて間接費（研究開発費と一般管理費）をブレイクすることになります。

ドロップボックスの場合、ユニット・エコノミクスは72.2ドルなので、仮に間接費が10億ドルであれば、有料ユーザー約1385万人が黒字化の分岐点となります。

売上規模とユニット・エコノミクス

売上高が拡大するにつれて、ユニット・エコノミクスに算入するコストの範囲を広げていくことで、競争力の代理変数としてより実効性の高い指標となります。

図表1-7　売上規模によって変わるユニット・エコノミクスに算入するコスト

■売上高が5億円未満
　原価（変動費）
■売上高が5億円以上
　原価（変動費＋減価償却費）＋セールス関連費用
■売上高が10億円以上
　原価＋セールス関連費用＋一般管理費＋研究開発費用

※売上高の金額は目安

売上高の規模が数億円であれば、ユニット・エコノミクスに考慮するコストは原価（変動費と償却費）に限定しなければ実態が見えにくくなります。売上高が10億円に近くなると、セールス関連費用を入れたほうがよいでしょう。売上規模が10億円を上回ると研究開発費や一般管理費をコストとして入れ込んだほうがよい場合が多くなります。これらは業種によって「相場」が変わるので、なるべく多くの企業を分析し、データを蓄積することがVCの競争力につながります。

2020年12月期のドロップボックスの間接費は、研究開発費７億2750万ドルと一般管理費２億2780万ドルを合計した９億5530万ドルです。１ユーザー当たりに直すと64.1ドル。先ほどのユニット・エコノミクス72.2ドルから64.1ドルを引くと、研究開発費用や一般管理費込みのユニット・エコノミクスとなります。

練習問題❷

練習問題❶では、多くの読者になじみの深い上場企業の損益計算書をもとにユニット・エコノミクスの概要を述べました。実際には、会計基準によって整理された数字ではなく、もっと現場に近いナマの数字を使って算出します。

次に、架空のソフトウエア企業Ａ社について、ユニット・エコノミクスの計算をしてみましょう。

Ａ社は広告にコストをかけない代わりに、無料で一定のサービスを利用してもらい、気に入った一部ユーザーが有料ユーザーに転換するフリーミアムというビジネスモデルを採用しています。無料ユーザーにかかるストレージ費用（１人当たり1.5ドル）は、Ａ社にとってのマーケティング・コストと考えることができます。

全登録ユーザーのうち2.5％が有料ユーザーに切り替わります。つまり、40人の登録ユーザーのうち１ユーザーが有料、39ユーザーが無料ということになります。有料ユーザー１人が無料ユーザー39人分の費用を支えてい

ソフトウエアA社のユーザー数	
登録ユーザー	800万人
うち有料ユーザー	20万人
無料ユーザー	780万人

※ユーザー数は、期中平均

ソフトウエアA社の各種データ(単位:$)	
売上高(Revenue)	2400万
1有料ユーザー当たり売上高(ARPU)	120
1有料ユーザー当たり直接費用(ストレージ費用)	40
1無料ユーザー当たり費用(ストレージ費用)	1.5

ることになります。この前提でユニット・エコノミクスを計算すると、以下のようになります。

ユニット・エコノミクスの計算(単位:$)	
売上高(ARPU)	120
直接費用	40
セールス関連費用	58.5(1.5×39人分)
ユニット・エコノミクス	21.5

このように、費用が「新しい顧客を得るための費用」なのかそうでないのかなど、コストの本質を考え、ユニット・エコノミクスを計算します。

4 競争力の評価2——LTVから見るユニット・エコノミクス

ユニット・エコノミクスの計算には、売上高でなく**LTV**(Life Time Value)を使うほうが適切である場合があります。たとえば、SaaSなど継続課金型のビジネスモデルのLTVでは、平均的な顧客1人が入会してから解約するまでのいわゆる「生存期間」にもたらされるすべての粗利益です。有料ユーザー１人当たりの粗利益と生存期間の積で求められます。

LTV ＝ １人当たり粗利益 × 平均生存期間

平均生存期間の求め方はいくつかありますが、ここでは解約率からの推定方法を紹介します。**解約率**（Churn Rate）は、ある時点で有料ユーザーに転じた顧客のうち、何人が１カ月後に解約しているかの比率を表します。たとえば2020年２月に100人が有料サービスに入会し、翌２月に５人が解約している場合、月次解約率は５％となります。解約率と生存期間はコインの裏と表の関係なので、解約率の逆数が生存期間となります。この例では1/0.05＝20カ月間（1.67年）が生存期間となります。

平均生存期間 ＝ １／解約率

ただし、解約率は毎月変動します。解約率の変動をどうモデルに反映するかについては、第２章の「コホート分析」で言及します。

ユニット・エコノミクス ＝ LTV － CAC

LTVから、１人当たりのセールス関連費用および１人当たり顧客維持費用を差し引くと、ユニット・エコノミクスが求められます。顧客獲得にかかるセールス関連費用および顧客維持費用を合わせたコストのことを**CAC**（Custmer Acquisition Cost：顧客獲得費用）と呼びます。セールス関連費用、顧客維持費用は一般管理費（G&A）のうち顧客維持に係わる経費で、カスタマーサポートやメンテナンスを担当する従業員の人件費です。

CAC ＝（セールス関連費用＋顧客維持費用）÷ 新規顧客数

ユニット・エコノミクスは、LTVとコストを比べてポジティブな残余があるかどうかを表す概念です。LTVは、セールス関連費用によって獲得され、顧客維持のための施策によって生存期間が伸びる結果、大きくなります。LTVと、LTVを作るためのコストを、企業会計上の基準にとらわれることなく対応させ、そのうえでユニット・エコノミクスが確保されているかどうかを見ます。

LTVとCACの時間的なズレも考慮し、対応関係を整合させます。ズームのようなB to Cサービスであれば、マーケティングから成約までのタイムラグはほとんど意識しなくてもいいでしょう。しかしB to Bサービスであれば、顧客に営業をかけて導入が決まり、稼働が始まって売上高として計上されるまで数カ月かかります。ユニット・エコノミクスの算定モデルでは、LTVとCACの時間軸をずらしたり、営業サイクルをまるごと取り込む十分な期間を取ったりする必要があります。

売上高で見るユニット・エコノミクスは単年度または単月度の収益性の概念であるため、「有料ユーザーがどれだけ長くそのサービスを使用するか」という将来予想の要素は分析の枠外となっています。将来の売上見込みを交えることなく、単年度や単月度の売上高で高いユニット・エコノミクスが達成できていれば、それに越したことはありません。

LTVで見たユニット・エコノミクスは、ユーザーがこれくらい生存するはずであるとの将来予測を含むので、やや甘い指標になります。一方で、継続課金型のビジネスにとって、生存期間（解約率）は競争力の重要な代理変数であるため、LTVを使ったユニット・エコノミクスのほうが競争力の実態を反映している可能性もあります。必要に応じ、売上高・LTVの両方で算出するなど試行錯誤して、より競争力の実態に近いユニット・エコノミクスを求めます。

5 競争力の要因分析

ここからは、より具体的に、スタートアップの競争力の要因分析の方法について解説します。

エンドユーザー調査

ユニット・エコノミクスが高ければ、ユニット・エコノミクスを構成するどの数字が寄与しているのか、なぜその数字は高いのか、原因を特定します。企業側へのヒアリング、社内や社外の投資家とのディスカッションを通じて理解を深めますが、それ以上に有効な手段が、エンドユーザー（企業の場合もある）に対する調査です（**図表1-8**）。

「誰に支持されているのか」を知ることは、サービスの競争力を知るうえで想像以上に重要です。違いが分かる「賢い」エンドユーザーは、簡単に他社が真似できるような質の低いサービスは使わないものです。どういうユーザーをつかんでいるかを見れば、模倣されやすいサービスなのかどうか、ある程度分かります。つまり、将来の競争力も分かるのです。

賢いユーザーとは誰なのか？　やはり、そのユーザーの過去の判断を見るしかありません。賢いユーザーであれば、過去に適切なサービスを導入しているはずです。今では評価を確立しているけれども、かつては無名だったサービスをいち早く導入していれば、そのユーザーは賢いユーザーかもしれません。また、適切に良いサービスを導入し、自社の売上高を伸ばしているユ

図表1-8　エンドユーザーを見極めるポイント

- ユーザーの過去のヒアリングにおける発言
- ユーザーがこれまで導入・解約してきたサービス
- 導入したサービスに対するユーザーの評価
- サービス導入後の業績の変化（売上高など）
- サービス導入後の会社の拡大（従業員数など）

ーザーは賢いユーザーかもしれません。当たり前ですが、良いサービスを「良い」と判断し、悪いサービスを「悪い」と判断した過去の実績は、ユーザーとしての賢さを表すでしょう。ユーザーをデータベース化しておくことは、VCの競争力になります。

賢いユーザーとのネットワークを意識的に作っておくことも重要となります。米国の優れたVCは、新しいサービスが出てくると、賢いユーザーに評価を聞いて回ります。振り返ってみて正しいサービスを選択している企業、つまり賢いユーザーは、各分野で概ね決まっています。賢いユーザーがもしサービスを解約すると、何か重大な兆候かもしれません。解約理由をヒアリングすることは重要な情報となるでしょう。

賢いユーザーを把握し、定期的に情報交換をする機会を設ければ、情報の精度は上がっていきます。ユーザーの発言内容はこまめに記録しデータベース化します。データベースを積み重ねていくと、ユーザーごとの傾向が見えてきます。個別のユーザーの傾向のほか、どんな業界のユーザーがどんな種類のサービスを正しく理解するのかといった全体的な傾向も見えてきます。賢いユーザーを把握することで、VCとして投資先を判断する能力、投資先の変化の兆候を早期につかむ能力が着実に高まります。

否定的な評価を鵜呑みにしない

Sozoベンチャーズは、投資先企業に付加価値を提供する一環として、日本市場への展開を支援しています。日本進出のモデルケースとなるような大手企業に営業をかけたり、代理店を開拓したりします。アクセスした日本企業とのやりとりの中で、その企業がサービスの本質をどこまで理解しているのかはおのずと分かってきます。また、アクセスした企業の判断が、後に正しかったのかどうかもデータとして蓄積します。

意外かもしれませんが、本当に良いサービスが、その分野のことをよく知る人々や現場の担当者から否定的な評価を受けることは珍しくありません。業界の常識では考えられないビジネスモデルだからです。多くの場合、現場が高く評価するようなサービスは今までの常識の延長線上にあり、イノベーションの幅が小さいのです。実はこうしたボトムアップ型またはカイゼン型のイノベーションは大企業のほうが得意です。ベンチャー企業の画期的な新しいサービスは、その道のプロであるほど間違った判断をする場合があります。それほど、新しいサービスの判断は難しいものです。

決済サービスのスクウェアも、Sozoベンチャーズが投資した2014年当初は、クレジットカード業界をよく知る人々からネガティブな評価を受けました。クレジットカード会社は「ターミナル」と呼ばれる読み取り端末を10万円前後で販売して利益を得ていましたが、スクウェアはスマートフォンに差し込めば使える小さな読み取り機を無料で配りました。ターミナルを売って歩く現場の営業マンからすれば、にわかに理解できないビジネスモデルでした。

しかし、店員がスマートフォンを持っていれば、究極的にはレジを作らなくてもお店のどこでも決済できるようになるため、店側にとっては画期的なサービスでした。Sozoベンチャーズが2014年に１株7.5ドルで投資したスクウェア株は、30倍以上になっています。

大切なことは、「その分野の権威」「大手企業」のような、声が大きい人の情報をありがたがるのではなくて、肩書やイメージではなく過去の実績をもとにして正しい判断ができる人の情報だけを聞くことです。判断の実績を見ることが重要なのです。

判断を間違えやすいのが、細かい技術の優劣に注目してしまう場合です。「A社のサービスはこの機能は○だけどこちらの機能は×」「B社のサービスはこっちが×であっちが○」といった、分かった気になる表を作って判断することです。これでは、「ズームとWebExの差はほとんどない」という結論になりがちです。日本の大企業は、このような表をパワーポイントのスライドに載せて上層部に報告しがちですが、正しい判断に行きつくことはありません。もちろん基本的な技術力は重要ですが、一定の技術力に達すると、技術力以外の要素（たとえばビジネスモデルや顧客接点など）がビジネスの勝敗を決めることが多くなります。

ズームとWebExは、ユニット・エコノミクスも賢いユーザーの評価もまったく違います。その差こそ、ユニコーンとそうでない企業との差なのです。

ここからは、具体的な競争力分析のプロセスを３社について解説します。

ケース❶ ズーム・ビデオ・コミュニケーションズ

私たちがズームに投資をしたのは2018年、彼らにとってはシリーズC（３回目の資金調達）のときでした。その時点で、すでにズームのキャッシュは回っていました。実は新たに調達する必要はなく、それどころかシリーズBで調達したお金に手を付けていなかったのです。

当時、ズームのARPUは１カ月30ドル程度でした。当時からビデオ会議サービスは乱立しており、無料サービスを含めて無数に競合がひしめく中、なぜかズームのARPUは異例に高かったのです。解約率も低く、またセールス関連費用をほとんど使っていませんでした。結果としてユニット・エコノミクスが高く、すでに税引前利益の段階で黒字だったのです。ユニット・

エコノミクスは、しばしば良い企業と悪い企業に二極化し、その間がありません。ズームはダントツで良い部類の企業でした。

ズームにとって、賢いユーザーはグローバル企業のビジネス部門のユーザーでした。国内外のたくさんの取引先、顧客と多種多様なビデオ会議システムを使っていたからです。あらかじめ参加者が確定している、会議室に設置された電話会議システムの限界を認識していたのです。スマートフォンでの使用を前提とし、発行されたURLをクリックすれば誰でもどこからでも参加できる柔軟なズームは、毎月30ドルを払ってでも欲しいシステムでした。予定していなかった人を急遽参加させる、移動中にミーティングする、といった場面に適したズームの価値に気づいていたのです。ズームは実のところ、音声や映像の圧縮技術に優れ、少ない通信量で安定的に会話できたのです。

日本においても、海外支店や取引先とやりとりする機会が多い物流企業や金融サービス企業にズームを紹介すると、驚くほど高評価でした。社内の共通システムとしてはWebEXが採用されていても、部署単位ではどんどんズームが使われるようになっていきました。

一方、ある日本の大手システムインテグレーターにズームを紹介したときには、良い評価を得られませんでした。彼らは新しいセキュリティツールなどに関して過去に間違った判断をしていたため、私たちはその声をノイズと判断しました。仮に私たちがそのシステムインテグレーターの声を重視していたら、大きな投資機会を失うところでした。

結果的に、やはりグローバル企業のビジネス部門と、日本の物流企業などの現場判断が正しかったことは明らかです。

ズームはARPUが高かっただけではなく、セールス関連費用もほとんどかかっていないことがユニット・エコノミクスを押し上げていました。賢いエンドユーザーは、別の賢いエンドユーザーに対して良いサービスを紹介する傾向があります。良いサービスは企業側がプロモーションしなくとも普及するのです。ユニット・エコノミクスのうち、セールス関連費用が少ない場合、競争力を持つ企業である可能性が高いといえます。

それを実感させられたのは、筆者らがズームの日本進出をサポートしていた時のことでした。ある日本の大企業にズームのプレゼンテーションを聞いてもらうチャンスを得ました。筆者がズームのグローバルチームや日本チームの営業セクションにデモを依頼すると、彼らは「プレゼンの資料もないし、デモの準備も一からやらなくてはいけない」と言うのです。ズームの営業セクションの従業員は、プレゼンどころか営業もしたことがありませんでした。自分たちから営業をかけなくても毎日どんどん有料アカウントが増えていくからです。

当時、ズームの営業セクションにいる人員は２人くらい。複数のアカウントを別々に契約している企業に対し、法人の一括契約に切り替える案内や見積書をメールする作業をしているだけでした。結果的に、自社サービスのプレゼンやデモができるのは、大きなイベントへの登壇役を担っている役員クラスだけ。ズームの圧倒的な競争力を実感した瞬間でした。

ケース❷ パランティア・テクノロジーズ

政府機関などをユーザーに抱えるのがパランティア・テクノロジーズです。Sozoベンチャーズがパランティアに投資したのは2012年。時価総額は当時40億ドルでしたが、2020年にIPOを果たし、10倍以上になりました。パランティアの社名は、創業者の一人であるピーター・ティールの愛読書『指輪物語』（J.R.R. トールキン）に登場する「パランティリ」という石の名前を由来とします。遠くを見渡して敵味方を追跡することができる石です。データを使い、見えないものを見ようとする同社の役割を表しています。

パランティアも各プロジェクトのARPUが飛びぬけて高額でした。公表されている2020年の決算ではARPUは790万ドルに達します。

エンドユーザーを調査したり、日本進出のため潜在顧客とミーティングしたりする中で浮かび上がった彼らの強みは、ビッグデータ分析そのものよりもむしろ、散らばったデータを一瞬で統合する技術でした。顧客はデータ統合、つまり準備に時間をかけることなく、本番であるビッグデータ分析にすぐに着手できるのでした。

しかも、エクセルに並ぶ時系列データのような構造化データに加え、テキスト、監視カメラの映像や衛星画像、移動ルートなどデータとして扱いづらい非構造化データも一元的に統合します。1つの画面に必要なデータや映像が映し出され、顧客は容易に合理的な判断ができるようになるのです。

大きな組織ほど、また歴史の長い組織ほど、部署ごと、担当者ごとにデータが蓄積され、データ形式もバラバラです。“パランティア以前”のデータ分析サービスは、分散したデータを集め、きれいなデータ形式に整形することに数年単位の時間を要しました。このため、しばしばデータ分析に着手する前に社内の状況や事業環境が変わり、プロジェクトが立ち消えになるということが起こりました。大きい組織ほど準備に時間がかかり、本番にたどり着けないのです。パランティアのサービスは、政府機関や巨大企業などボリュームの大きい顧客との親和性が高かったのです。

また近年は、政府機関でもスピード勝負のデータ分析が増えています。たとえば自然災害への対応です。2005年9月に米ルイジアナ州ニューオリーンズに上陸し、甚大な被害をもたらしたハリケーン「カトリーナ」の救援物資配給では、被災状況の把握や被災者数、救援物資の在庫やトラック配車などロジスティクス関連のデータを、パランティアのソフトで統合的に管理し、リソースの効率的な運用に決定的な役割を果たしました。

新型コロナウイルス感染症のパンデミックの際には、2021年に英国民保険サービス（NHS）からワクチン配布プログラムを受注。2900万回分以上のワクチンの発注・配布・接種のオペレーション管理に、パランティアのプラットフォームが使われました。ワクチン供給量の増減、接種に必要な医療機器の在庫の増減などに即時対応し、2500カ所の接種会場に対し適切に資源を配分する役割を担いました。[27]

データ分析をする際に、前処理としてデータの統合や整形に手間がかかることは技術者の間でよく知られたことでした。「データ分析の８割がデータ整形」といわれています。小規模な分析ですらその状態なので、巨大なデータ群をリアルタイムで使うシステムとなると、気の遠くなるような前処理です。

パランティアには、長らくセールス担当者がいませんでした[28]。あえていうなら、CEOのアレックス・カープが唯一の営業マンでした。ARPUが高くセールス費用があまりかからないユニット・エコノミクスの構造は、ズームに似ています。

ケース❸ フレックスポート

フレックスポートは、国際物流のプロセスを管理するSaaSビジネスを展開し、顧客として数千のブランドを抱えています。2018年にSozoベンチャーズが投資した当初、売上高の４割近くが利益として残るユニット・エコノミクスの高い企業でした。筆者らが取材・調査したところ、各顧客への提供サービスごとに40%近くの利益が確保できており、一方で同業他社のそれは２%程度にとどまっていました。ユニット・エコノミクスがここまで異なるということは、フレックスポートに何らかの圧倒的な強さがあるのです。

ユニット・エコノミクスが高い理由の１つは、関税手続きの自動化でした。

関税手続きは極めて複雑で、頻繁にルールが変わります。おもちゃの人形のように、プラスチックや布、金属を組み合わせた商品は、必然的に関税手続きが煩雑になります。アパレルでも、ボタンがプラスチック製なのか貝製なのかで、手続きはまったく異なります。

そうした手続きのルールは、経済制裁の発動などで変わります。同じ生地であっても、たとえば原料の綿花が新疆ウイグル自治区産のものなのかどう

27　パランティア（2021年4月14日）開示資料「DOUBLE CLICK」（p.3）
28　近年は顧客層拡大のため営業担当者を雇用している。2021年Q1のプレゼンテーション資料では、この期間にセールスピープルを50人近く雇ったと開示している。

かで扱いが変わり、間違えると高額のペナルティが科されます。輸出する品目が多い場合は関税手続きが複雑になるため、メーカーは輸送も含めて国際物流全体を商社や国際物流会社などに丸投げしていました。

フレックスポートの運用する国際物流の統合デジタル・プラットフォームでは、AIを活用し関税手続きを自動化しています。アパレルのH&Mなどのグローバル企業のほか、比較的規模の小さい業者も使っています。パソコン上のプラットフォームから輸出にまつわる手続きができるため、商社などとのやり取りが不要になり、メーカーにとっては簡便でコスト削減にもつながります。

フレックスポートの提供するソフトウエアは、こうした複雑な関税手続きを含めたさまざまな輸出の業務フローを一気通貫で管理できるようにしています。中国から米国におもちゃを輸出したいときに、どの船会社を使うとコストが安いのか。輸出したおもちゃは今、どこにあって、いつ到着する見込みなのか。それらの情報をリアルタイムで把握します。

興味深いのは、このプラットフォーム上で貿易金融も手掛けていることです。関税の支払いの実務では、先に見込みで多めに納税して、後から還付を受ける場合があります。輸出量が多いと見込みの関税支払いで資金繰りが苦しくなる荷主も多いため、還付金を受け取るまでの間、還付金相当額の資金を荷主に貸し付けるのです。いつ、どの程度、還付金を受け取れるかは、AIで予測し、貸付額や期間を自動で決定します。荷主の与信もAIで管理しています。荷主は融資を受けているというよりも、単に正味の関税を支払っている感覚です。

金融機能があることで、プラットフォーム上で荷主に対してさまざまな選択肢を提示できます。クリスマスシーズン前におもちゃを中国から米国に輸送すると、混みあっているためコンテナ運賃が高くつきます。8月に前倒しで運ぶと、運賃は安くなるけれども、クリスマスシーズンに販売するまでキャッシュが手元に入ってこず、資金繰りが苦しくなります。荷主はフレックスポートのプラットフォーム上で運転資金分のお金を借り、8月に安値で輸出することで、全体としてコストを引き下げられるのです。フレックスポートが資金繰りに余裕があるわけではない中小の荷主にも支持されているのはこのためです。

フレックスポートは単に「船の価格ドットコム」をやっているわけではなく、複雑な関税手続きを自動化し、それを含めた輸出にまつわる船会社の選定、関税手続きや貿易金融、貿易保険などの補完業務を一気通貫にデジタル化したプラットフォーム企業であり、競争相手が誰もいないのです。一見よく似た輸出業務のデジタル化企業はいくつかあるのですが、フレックスポートのユニット・エコノミクスは突出しています。

Column

カウフマン・フェローズ・プログラムのメンバー

カウフマン・フェローズ・プログラムを受講しにくるメンバーは、半分が有名ベンチャー・キャピタルの若手幹部、半分が自分のVCを立ち上げた人といった構成です。

ハーバードやスタンフォードのMBAホルダーは当たり前で、メディカルスクールとロースクールをダブルで卒業しているようなメンバーも珍しくありません。私が受講した2007年のメンバーには、実務面ですでに成功している人も多く、遺伝子工学の先駆け企業となったジェネンテック[29]（Genentech）の立ち上げメンバーや、著名VCの最年少女性パートナーなどが名を連ねていました。

最近では、韓国の財閥でコーポレート・ベンチャー・キャピタル（CVC）の責任者を務めた後に独立してVCを創業した投資家や、パキスタンで初のVCを始めようとしている投資家がいるなど、国の多様性が重視されています。

1995年のカウフマン・フェローズ設立以来、初めての日本人メンバーは、ライフサイエンス分野で活躍した故・竹田悟朗、そして２人目が筆者です。サンリオの海外での版権ビジネスを成功に導いた鳩山玲人[30]もカウフマン・フェローズで学んでいます。

同期生のつながりは強固で、卒業以来20年近く経っても日常的にメールで相談しあっています。

29　クライナー・パーキンス出身のロバート・スワンソンと分子生物学者のハーバート・ボイヤーが1976年に設立、1980年にIPO。2009年、ロシュが468億ドルで完全子会社化。

30　2008年に三菱商事からサンリオに転じ、米国法人の最高執行責任者（COO）就任。欧州や北南米で「ハローキティ」などのライセンス供与先を飛躍的に増やし、同社の版権ビジネスを成長させた。

「今度、投資先でCTOを採用するのだけど、どれくらいのフィーを払えばいい？」
「ボードメンバーを解雇したいが、誰に何を相談すべきか？」
「アソシエートを採用するとき、契約手続きや雇用条件、試用期間の設定はどうやっている？」……

こういった、誰にも相談できないような微妙な事柄を気軽に相談できるネットワークは貴重です。

一方、講師として登壇する現役ベンチャー・キャピタリストも多士済々です。

序章で「"ハンズオン"と言うのはやめよう」という発言を紹介したリサ・スタックは、アマゾンなど時代を代表するスタートアップに投資してきた名門VCクライナー・パーキンスのパートナー（当時）であり、その後GEベンチャー設立で中心的役割を果たしたヘルスケア分野の伝説的な投資家です。また、 スプランク（Splunk）などへの投資で知られるオーガスト・キャピタルの著名投資家デビッド・ホーニックもレクチャーに訪れていました。

ベンチャー・キャピタリストは米国において、極めてプロフェッショナル性の高い仕事と位置づけられています。一方、日本でVCというと、商業銀行や投資銀行、証券会社など金融のエスタブリッシュメントから外れた分野であり、少し「山っ気」のある人が多いというイメージがあるかもしれません。実際に、私たちが日本人の採用をしようとしたときに集まったのは、どちらかというと、そういった人でした。もしくは、事業会社の人事異動でたまたまCVCを手掛けている人もいるでしょう。

日本の多くのCVCが、自社の本業との協業を最終的な「リターン」と考えており、必ずしも純粋な投資を想定していないという事情があるのかもしれませんが、そもそもプロでない人が我流でVCをやってもノウハウが蓄積しません。ノウハウが蓄積しないから、優秀な人材も集まらない――そんな悪循環に陥っている感があります。日本においても、ベンチャー・キャピタリストのスキルと地位向上が実現してほしいと願っています。

Chapter 2

第2章

ユニコーンの将来予測

ビジネスモデルについて語るんだったら、
忘れるんじゃない。
利益とは、売上高から費用を引いたものだ。

ユニオンスクウェア・ベンチャーズ パートナー
フレッド・ウィルソン[31]

31 Fred Wilson (JAN 31, 2009), When Talking About Business Models, Remember That Proflts Equal Revenues Minus Costs, https://avc.com/2009/01/when-talking-about-business-models-remember-that-proflts-equal-revenues-minus-costs/

1 なぜ解約率は上がるのか

ユニコーンの将来の収益を予測するうえで、ユニット・エコノミクスがキーポイントとなる点を前章で解説しました。この第２章では、近年のスタートアップの主流となっているSaaS（月額課金や重要課金のクラウドサービス）企業に焦点を絞って、ユニット・エコノミクスや損益計算書の将来予想をどう作るかを解説します。

前章でも触れた通り、ユニット・エコノミクスに影響を与える要素の１つに解約率（チャーン・レート）があります。特に月額課金サービスの解約率は、ある時期を切り取ると２％だけれども、ある時期は５％といったように、時の経過とともに変化します。生身の企業を扱うため当たり前のことですが、いざ分析するとなるとやっかいな問題です。

過去事例からパターンを抽出する

まず、解約率は変化しやすいと言いつつも、業界ごとにパターンやレンジは存在します。SaaSでは、初期のユーザーより後から入ってきたユーザーのほうが解約率が高いことが知られています。アーリーアダプターは、一般にサービスに対するロイヤリティが高く解約しにくいのですが、サービスが普及して一般ユーザーが入ってくると、どうしても解約率が高くなります。

アーリーステージにおける投資であっても、事業をモデリングして時系列で数字がどのように変化していくか観察することを怠ってはいけません。この作業を繰り返すことで、やがて業界やビジネスモデルごとにパターンを抽出できるようになり、合理的な将来予測が可能になります。

スタートアップ投資においては、サービスのローンチから時間が経っていないため、解約率などの時系列データは限定されます。過去の事例を参考に何らかの仮定を置いてデータ不足を補うことが必要です。常に合理的な予測をし、データを蓄積することが後々の投資にも役立つのです。パターン認識に基づくモデリング能力は、VCとして絶対に備えておくべき共通言語です。これがなければ、スタートアップの経営陣と話すことも、ほかのVCと情報交換することもできません。「愚かな投資家」は相手にされないのです。

2 コホート分析

解約率などKPI（重要業績評価指標）の時系列変化をトラックする方法として、**コホート分析**が知られています。コホートとは、属性ごとに分けたひとまとまりの集団のことです。SaaS企業のコホート分析では、入会した月ごとにコホートを分けるのが一般的です。

たとえば、2021年１月に有料ユーザーになったユーザーを１つのコホートとして、彼らが翌月、翌々月にどう離脱していくのか観察していきます。同様に、2021年２月に有料ユーザーになったコホート、３月に有料ユーザーになったコホートを時系列で観察します。

図表2-1の①ユーザー数のコホート分析表、そして**図表2-2**②売上高のコホート分析表、２つのスプレッドシートを作ります。以下は①の例です。

2020年１月に始まったサービスは、初月に100人が有料ユーザーになり、２月は全員が継続してユーザーにとどまり、３月は２人が解約して98人になっています。以降、97人、97人、96人と減ります。一方、２月に加入したユーザー105人は、３月に104人、以降100人、100人、98人と推移します。当然ですが、コホート表は右にいくにつれて必ず減少します。

次に、別のスプレッドシートで②の売上高のコホート分析表を作ります。売上高には**MRR**（Monthly Recurring Revenue：月間継続課金売上高）を採用します。MRRはサブスクリプション・ユーザーからの売上高に限り、

図表2-1　ユーザー数のコホート分析表

	2020年1月	2月	3月	4月	5月	6月
2020年1月	100人	100	98	97	97	96
2月		105	104	100	100	98
3月			109	107	104	102
4月				104	102	100
5月					115	110
6月						120

スポットの売上高は除きます。１月に月額１万円のサブスクサービスに入会したユーザーが100人いれば、１月のMRRは100万円となります。

MRRと**ARR**（Annual Recurring Revenue：年間継続課金売上高）は、SaaS企業の収益の基本的な概念で、あらゆる予想の元になる数字です。

MRR ＝ 月間継続課金売上高
ARR ＝ 年間継続課金売上高

ただし、MRRやARRは会計上の厳密に確定した定義がないため、会社によって微妙に定義が異なります。契約に至っていない数字もARRに入れ込んでしまい、実態以上にビジネスの成長を大きく見せている場合があります。たとえばフリーミアム[32]のサービスを展開する企業は、無料会員のコンバージョン率（有料会員への転換率）から期待される数字をARRに算入してしまっていることがあります。ARRやMRRに何が含まれているのか会社側によ

32　基本的なサービスは無料で使え、高度なサービスは有料となるビジネスモデル。ゲームに多い。「フリー」と「プレミアム」を合わせた造語。インターネットビジネスのフリーミアムは、課金ユーザーがユーザー全体の5%であってもビジネスが成り立つという「5%ルール」が知られている。

図表2-2 MRRのコホート分析表

	2020年1月	2月	3月	4月	5月	6月
2020年1月	100万円	105	102.9	102.82	102.82	103.68
2月		106.05	109.2	108	109	109.76
3月			114.45	116.63	114.4	115.26
4月				106.08	109.14	106
5月					117.3	115.5
6月						126

く確認し、実態を伴わないかさ上げされた数字で分析しないようにします。

以上のコホート分析表は大本となるローデータ（加工していない生データ）で、投資候補先の企業から提供を受けます。これをもとに、各種の指標をコホート表にします。

前月から今月にかけてのMRRの変化率を**MRRリテンション・レート**といい、**エクスパンション・レート**と解約率に分解できます。エクスパンション・レートは、既存ユーザーがより高額なプランに乗り換えたり、新しいアドイン（追加機能）を契約したりすることで生じる1ユーザー当たり売上高（ARPU）の拡大です。

MRRリテンション・レート ＝ 当月MRR ／ 前月MRR
解約率（チャーン・レート）＝ 当月ユーザー ／ 前月ユーザー
エクスパンション・レート ＝ 当月ユーザー当たりMRR ／ 前月ユーザー当たりMRR

図表2-3　解約率とエクスパンション・レート

解約率（チャーン・レート）

	2020年1月	2月	3月	4月	5月	6月
2020年1月	0%	0.0	2.0	1.0	0.0	1.0
2月		0.0	1.0	3.8	0.0	2.0
3月			0.0	1.8	2.8	1.9
4月				0.0	1.9	2.0
5月					0.0	4.3
6月						0

エクスパンション・レート

	2020年1月	2月	3月	4月	5月	6月
2020年1月	0%	5.0	0.0	1.0	0.0	1.9
2月		0	4.0	2.9	0.9	2.8
3月			0	3.8	0.9	2.7
4月				0	4.9	-0.9
5月					0	2.9
6月						0

解約率やエクスパンション・レートは、上場後もSaaS企業の重要な業績指標となっています。

2016年６月にニューヨーク証券取引所にIPOしたクラウド音声通話ツールのトゥイリオは、四半期決算ごとに前年同期と比べたエクスパンション・レートを開示しています。前年同期比なので、当該四半期（３カ月間）のコホートに属する顧客売上高を、前年の同じ四半期のコホートに属する同じ顧客の売上高で割ることで算出します。2021年Q2のエクスパンション・レートは135％前後。2020年Q2に比べ、同一の顧客のARPUが35％増加したことを意味します。

3 過去の実績と将来の予測

業種ごとにも、ターゲットとする顧客タイプごとにも、解約率の変化のパターンはさまざまです。収益の将来予想を作る際は、解約率などについて過去の実績と整合的な数値を採用します。スタートアップ企業はトラックが少ないため、それを補うデータの蓄積がVCの強みとなります。

企業側が出してくる解約率の想定値についても、妥当かどうかVCとして過去データと照らし合わせて検証します。サービスが普及し、いわゆるキャズム（アーリーアダプターからアーリーマジョリティに普及させるまでの深い溝）を超えて一般的な人々が使うようになると、通常は解約率が上昇することが知られています。もし企業側の想定値が、そうした一般に見られる解約率の変化や水準から乖離したものであれば、それはサービスがとても優れているか、あるいは単にモデルが雑であるかのどちらかです。事業をモデリングする能力も、経営陣に求められる資質です。

コホートは単独で作るのではなく、損益計算書のスプレッドシートと連動させ、すべての数字の辻褄が合うことを心がけます。企業側ですら、それぞれの数字の整合性が取れていない計画を立てていることがあります。最終的には、**図表2-4**のようにスプレッドシートにまとめます。

スプレッドシートの作り方はVCごとにノウハウがあり、また分析対象企業のビジネスモデルによっても異なります。図表2-4の例では、期初段階のARRから期末ARRへの変動を「New Logo（新規ユーザー）」「Upsell（既存顧客の高額プランへの乗り換え）」「Expansion（従量課金などによる既存顧客からの収益拡大）」「Churn（解約）」に分解して入力しています。

図表2-4　ARRのスプレッドシートの例

	FY2020A	FY2021A	FY2022E	FY2023E	FY2024E	FY2020A			
	FY20A	FY21A	FY22E	FY23E	FY24E	Q1-20A	Q2-20A	Q3-20A	Q4-20A
Period Ending,	20-Jan	21-Jan	22-Jan	23-Jan	24-Jan	19-Apr	19-Jul	19-Oct	20-Jan
Full Company									
Starting ARR	$2,782	$6,412	$12,832	$25,919	$60,058	$2,782	$3,392	$4,168	$5,284
(+) New Logo	$2,385	$4,826	$8,956	$22,410	$32,288	$401	$610	$625	$749
(+) Upsell	1,006	1,819	3,936	9,675	16,140	114	216	345	331
(+) Expansion	833	1,605	2,394	6,045	14,250	144	50	281	357
Gross New ARR	$4,224	$8,250	$15,286	$38,130	$62,678	$658	$876	$1,252	$1,437
(-) Churn	(593)	(1,830)	(2,199)	(3,991)	(9,451)	(48)	(100)	(136)	(309)
Net New ARR	$3,630	$6,420	$13,087	$34,139	$53,227	$610	$776	$1,116	$1,128
Ending ARR	$6,412	$12,832	$25,919	$60,058	$113,285	$3,392	$4,168	$5,284	$6,412
% growth		100%	102%	132%	89%		23%	27%	21%
ARR Up for Renewal		$5,753	$10,764	$22,915	$57,965				
ARR Renewed		4,197	8,565	18,924	48,514				
% renewal rate		73%	80%	83%	84%				

図表2-5に示すように、損益計算書は網羅的なものである必要はなく、コスト面ではCOS（Cost of Service＝原価）、S&M（セールス関連費）、R&D（研究開発費）、G&A（一般管理費）がコンパクトにまとまっているのがよいでしょう。また、それぞれの売上高に対する比率も並べておくと、業種ごとの「相場観」が養われます。「SaaSの粗利率は概ね70%を超えていると優良な部類であり、80%を超えるとトップクラス」といった、ざっくりとしたイメージを持っておくことは非常に重要です。

重要指標が一覧できるスプレッドシートがあれば便利です（**図表2-6**）。SaaSの場合、以下のような指標をまとめます。**マジックナンバー**とは、顧客獲得コストに対し何倍のリターンがあったかを示し、**CACペイバック**は顧客獲得コストの回収期間を表します。CACとはユーザー１人を獲得するためのコストです。

FY2021A				FY2022E				FY2023E				FY2024E			
Q1-21A	Q2-21A	Q3-21A	Q4-21A	Q1-22E	Q2-22E	Q3-22E	Q4-22E	Q1-23E	Q2-23E	Q3-23E	Q4-23E	Q1-24E	Q2-24E	Q3-24E	Q4-24E
20-Apr	20-Jul	20-Oct	21-Jan	21-Apr	21-Jul	21-Oct	22-Jan	22-Apr	22-Jul	22-Oct	23-Jan	23-Apr	23-Jul	23-Oct	24-Jan
$6,412	$7,329	$8,059	$9,371	$12,832	$15,250	$17,928	$21,554	$25,919	$31,857	$39,497	$49,051	$60,058	$72,260	$85,116	$99,010
$662	$668	$1,410	$2,087	$1,765	$1,781	$2,422	$2,988	$3,823	$5,084	$6,308	$7,194	$7,655	$7,924	$8,206	$8,503
196	259	320	1,043	590	851	1,218	1,278	1,747	2,016	2,619	3,293	3,521	4,011	4,320	4,288
375	253	225	753	428	507	578	881	1,027	1,314	1,726	1,978	2,733	2,909	3,958	4,650
$1,233	$1,179	$1,955	$3,883	$2,783	$3,139	$4,217	$5,148	$6,597	$8,414	$10,653	$12,465	$13,909	$14,844	$16,484	$17,441
(316)	(449)	(643)	(422)	(365)	(461)	(591)	(782)	(659)	(774)	(1,099)	(1,458)	(1,707)	(1,988)	(2,590)	(3,166)
$917	$730	$1,311	$3,461	$2,418	$2,678	$3,626	$4,365	$5,938	$7,640	$9,554	$11,007	$12,202	$12,856	$13,894	$14,275
$7,329	$8,059	$9,371	$12,832	$15,250	$17,928	$21,554	$25,919	$31,857	$39,497	$49,051	$60,058	$72,260	$85,116	$99,010	$113,285
14%	10%	16%	37%	19%	18%	20%	20%	23%	24%	24%	22%	20%	18%	16%	14%
$1,078	$1,268	$1,481	$1,926	$1,669	$2,194	$2,949	$3,952	$3,634	$4,318	$6,441	$8,522	$10,411	$11,582	$16,170	$19,802
882	871	887	1,558	1,304	1,733	2,357	3,170	2,974	3,543	5,342	7,064	8,704	9,594	13,580	16,636
82%	69%	60%	81%	78%	79%	80%	80%	82%	82%	83%	83%	84%	83%	84%	84%

CAC ＝ 1ユーザー当たり獲得コスト(S&M費用、営業担当者の人件費など)
マジックナンバー ＝ ARR増加分 / 当該期間のCAC
CACペイバック ＝ CAC / ARPU

将来予想とM&AやIPOタイミング

カウフマン・フェローズ・プログラムでは、イグジット戦略の重要性を教えています。イグジットとは、M&A、IPO、IPO後の**ロックアップ**[33]解除に伴う保有株の売却です。会計上の利益、つまり損益計算書の数字がきれいに見える時期とイグジット・タイミングを戦略的に合致させます。

33　IPO後の売却制限。スタートアップに優先株で資金を入れているVCには、通常はIPO後180日間程度のロックアップが課されている。

図表2-5　損益計算書とARRを連結させたスプレッドシートの例

	FY2020A	FY2021A	FY2022E	FY2023E	FY2024E	FY2020A			
	FY20A	FY21A	FY22E	FY23E	FY24E	Q1-20A	Q2-20A	Q3-20A	Q4-20A
Period Ending,	20-Jan	21-Jan	22-Jan	23-Jan	24-Jan	19-Apr	19-Jul	19-Oct	20-Jan
ARR									
Starting ARR	$2,782	$6,412	$12,832	$25,919	$60,058	$2,782	$3,392	$4,168	$5,284
(+) New Logo	$2,385	$4,826	$8,956	$22,410	$32,288	$401	$610	$625	$749
(+) Upsell	1,006	1,819	3,936	9,675	16,140	114	216	345	331
(+) Expansion	833	1,605	2,394	6,045	14,250	144	50	281	357
Gross New ARR	$4,224	$8,250	$15,286	$38,130	$62,678	$658	$876	$1,252	$1,437
(-) Churn	(593)	(1,830)	(2,199)	(3,991)	(9,451)	(48)	(100)	(136)	(309)
Net New ARR	$3,630	$6,420	$13,087	$34,139	$53,227	$610	$776	$1,116	$1,128
Ending ARR	$6,412	$12,832	$25,919	$60,058	$113,285	$3,392	$4,168	$5,284	$6,412
% growth		100%	102%	132%	89%		23%	27%	21%
P&L									
Revenue	$4,312	$8,554	$18,738	$41,413	$86,823	$718	$934	$1,197	$1,463
% growth		98%	119%	121%	110%		30%	28%	22%
(-) COS	(2,153)	(3,018)	(5,364)	(9,452)	(17,042)	(434)	(519)	(611)	(589)
Gross Profit	$2,159	$5,536	$13,374	$31,961	$69,781	$284	$415	$586	$874
% margin	50%	65%	71%	77%	80%	40%	44%	49%	60%
Sales	(5,103)	(7,963)	(17,305)	(33,713)	(49,824)	(787)	(1,150)	(1,455)	(1,711)
% margin	(118)%	(93)%	(92)%	(81)%	(57)%	(110)%	(123)%	(122)%	(117)%
Marketing	(4,198)	(4,045)	(6,300)	(10,222)	(13,280)	(774)	(934)	(1,215)	(1,275)
% margin	(97)%	(47)%	(34)%	(25)%	(15)%	(108)%	(100)%	(102)%	(87)%
Total S&M	$(9,301)	$(12,008)	$(23,605)	$(43,935)	$(63,104)	$(1,561)	$(2,084)	$(2,670)	$(2,986)
% margin	(216)%	(140)%	(126)%	(106)%	(73)%	(217)%	(223)%	(223)%	(204)%
R&D	(6,100)	(7,980)	(13,664)	(21,791)	(30,873)	(1,318)	(1,420)	(1,567)	(1,795)
% margin	(141)%	(93)%	(73)%	(53)%	(36)%	(184)%	(152)%	(131)%	(123)%
G&A	(2,524)	(3,004)	(6,122)	(8,005)	(14,569)	(566)	(678)	(594)	(686)
% margin	(59)%	(35)%	(33)%	(19)%	(17)%	(79)%	(73)%	(50)%	(47)%
Total Opex	$(17,925)	$(22,992)	$(43,391)	$(73,731)	$(108,545)	$(3,445)	$(4,182)	$(4,831)	$(5,467)
% margin	(416)%	(269)%	(232)%	(178)%	(125)%	(480)%	(448)%	(404)%	(374)%
Operating Profit	$(15,766)	$(17,455)	$(30,017)	$(41,771)	$(38,765)	$(3,161)	$(3,767)	$(4,245)	$(4,593)
% margin	(366)%	(204)%	(160)%	(101)%	(45)%	(440)%	(403)%	(355)%	(314)%
Operating Cash Flow									
(-) Outflow		$(25,686)	$(48,755)	$(83,183)	$(125,588)				
(+) Inflow		10,049	22,108	50,385	102,042				
Operating Cash Flow		$(15,637)	$(26,646)	$(32,798)	$(23,546)				
Avg Monthly Burn		$(1,303)	$(2,221)	$(2,733)	$(1,962)				
Bank Balance									
Opening Bank Balance			$19,264	$(7,786)	$(40,871)				
Cash from Financing/Other Cash Flow			(404)	(287)	(63)				
Cash from Operations			(26,646)	(32,798)	(23,546)				
Ending Bank Balance			$(7,786)	$(40,871)	$(64,480)				

FY2021A				FY2022E				FY2023E				FY2024E			
Q1-21A	Q2-21A	Q3-21A	Q4-21A	Q1-22E	Q2-22E	Q3-22E	Q4-22E	Q1-23E	Q2-23E	Q3-23E	Q4-23E	Q1-24E	Q2-24E	Q3-24E	Q4-24E
20-Apr	20-Jul	20-Oct	21-Jan	21-Apr	21-Jul	21-Oct	22-Jan	22-Apr	22-Jul	22-Oct	23-Jan	23-Apr	23-Jul	23-Oct	24-Jan
$6,412	$7,329	$8,059	$9,371	$12,832	$15,250	$17,928	$21,554	$25,919	$31,857	$39,497	$49,051	$60,058	$72,260	$85,116	$99,010
$662	$668	$1,410	$2,087	$1,765	$1,781	$2,422	$2,988	$3,823	$5,084	$6,308	$7,194	$7,655	$7,924	$8,206	$8,503
196	259	320	1,043	590	851	1,218	1,278	1,747	2,016	2,619	3,293	3,521	4,011	4,320	4,288
375	253	225	753	428	507	578	881	1,027	1,314	1,726	1,978	2,733	2,909	3,958	4,650
$1,233	$1,179	$1,955	$3,883	$2,783	$3,139	$4,217	$5,148	$6,597	$8,414	$10,653	$12,465	$13,909	$14,844	$16,484	$17,441
(316)	(449)	(643)	(422)	(365)	(461)	(591)	(782)	(659)	(774)	(1,099)	(1,458)	(1,707)	(1,988)	(2,590)	(3,166)
$917	$730	$1,311	$3,461	$2,418	$2,678	$3,626	$4,365	$5,938	$7,640	$9,554	$11,007	$12,202	$12,856	$13,894	$14,275
$7,329	$8,059	$9,371	$12,832	$15,250	$17,928	$21,554	$25,919	$31,857	$39,497	$49,051	$60,058	$72,260	$85,116	$99,010	$113,285
14%	10%	16%	37%	19%	18%	20%	20%	23%	24%	24%	22%	20%	18%	16%	14%
$1,714	$1,898	$2,163	$2,779	$3,554	$4,193	$4,992	$6,000	$7,324	$9,034	$11,212	$13,843	$16,781	$19,925	$23,294	$26,823
17%	11%	14%	29%	28%	18%	19%	20%	22%	23%	24%	23%	21%	19%	17%	15 %
(668)	(687)	(745)	(918)	(1,113)	(1,263)	(1,425)	(1,563)	(1,865)	(2,187)	(2,519)	(2,881)	(3,358)	(3,942)	(4,556)	(5,186)
$1,047	$1,211	$1,417	$1,862	$2,441	$2,930	$3,566	$4,437	$5,459	$6,848	$8,693	$10,961	$13,423	$15,983	$18,738	$21,637
61%	64%	66%	67%	69%	70%	71%	74%	75%	76%	78%	79%	80%	80%	80%	81 %
(1,801)	(1,469)	(1,896)	(2,798)	(2,835)	(4,004)	(5,104)	(5,361)	(7,362)	(7,817)	(9,227)	(9,307)	(10,389)	(11,739)	(13,246)	(14,450)
(105)%	(77)%	(88)%	(101)%	(80)%	(96)%	(102)%	(89)%	(101)%	(87)%	(82)%	(67)%	(62)%	(59)%	(57)%	(54)%
(1,026)	(1,104)	(873)	(1,041)	(1,199)	(1,668)	(1,659)	(1,775)	(2,015)	(2,667)	(2,657)	(2,883)	(2,652)	(3,089)	(3,541)	(3,998)
(60)%	(58)%	(40)%	(37)%	(34)%	(40)%	(33)%	(30)%	(28)%	(30)%	(24)%	(21)%	(16)%	(16)%	(15)%	(15)%
$(2,827)	$(2,573)	$(2,769)	$(3,839)	$(4,034)	$(5,672)	$(6,763)	$(7,136)	$(9,378)	$(10,484)	$(11,883)	$(12,190)	$(13,041)	$(14,828)	$(16,788)	$(18,447)
(165)%	(136)%	(128)%	(138)%	(114)%	(135)%	(135)%	(119)%	(128)%	(116)%	(106)%	(88)%	(78)%	(74)%	(72)%	(69)%
(1,939)	(2,011)	(1,947)	(2,084)	(2,318)	(3,277)	(3,791)	(4,277)	(4,914)	(5,406)	(5,554)	(5,918)	(6,606)	(7,395)	(8,122)	(8,750)
(113)%	(106)%	(90)%	(75)%	(65)%	(78)%	(76)%	(71)%	(67)%	(60)%	(50)%	(43)%	(39)%	(37)%	(35)%	(33)%
(639)	(721)	(780)	(864)	(1,280)	(1,661)	(1,652)	(1,529)	(1,811)	(2,048)	(2,063)	(2,083)	(2,816)	(3,343)	(3,909)	(4,501)
(37)%	(38)%	(36)%	(31)%	(36)%	(40)%	(33)%	(25)%	(25)%	(23)%	(18)%	(15)%	(17)%	(17)%	(17)%	(17)%
$(5,405)	$(5,305)	$(5,495)	$(6,787)	$(7,633)	$(10,610)	$(12,206)	$(12,942)	$(16,103)	$(17,938)	$(19,500)	$(20,191)	$(22,462)	$(25,566)	$(28,819)	$(31,698)
(315)%	(280)%	(254)%	(244)%	(215)%	(253)%	(245)%	(216)%	(220)%	(199)%	(174)%	(146)%	(134)%	(128)%	(124)%	(118)%
$(4,358)	$(4,094)	$(4,078)	$(4,925)	$(5,192)	$(7,680)	$(8,640)	$(8,505)	$(10,644)	$(11,090)	$(10,807)	$(9,230)	$(9,039)	$(9,583)	$(10,081)	$(10,061)
(254)%	(216)%	(189)%	(177)%	(146)%	(183)%	(173)%	(142)%	(145)%	(123)%	(96)%	(67)%	(54)%	(48)%	(43)%	(38)%
$(5,569)	$(6,041)	$(6,666)	$(7,410)	$(8,745)	$(11,873)	$(13,631)	$(14,505)	$(17,968)	$(20,124)	$(22,019)	$(23,072)	$(25,820)	$(29,509)	$(33,375)	$(36,884)
1,664	1,967	2,427	3,991	4,482	4,436	5,540	7,650	8,504	10,539	13,685	17,657	20,559	22,935	26,611	31,937
$(3,905)	$(4,074)	$(4,239)	$(3,418)	$(4,264)	$(7,436)	$(8,091)	$(6,855)	$(9,464)	$(9,586)	$(8,334)	$(5,415)	$(5,261)	$(6,573)	$(6,764)	$(4,947)
$(1,302)	$(1,358)	$(1,413)	$(1,139)	$(1,421)	$(2,479)	$(2,697)	$(2,285)	$(3,155)	$(3,195)	$(2,778)	$(1,805)	$(1,754)	$(2,191)	$(2,255)	$(1,649)
				$19,264	$14,850	$7,266	$(905)	$(7,786)	$(17,374)	$(27,039)	$(35,432)	$(40,871)	$(46,148)	$(52,737)	$(59,517)
				(151)	(148)	(80)	(26)	(124)	(80)	(59)	(24)	(16)	(16)	(16)	(16)
				(4,264)	(7,436)	(8,091)	(6,855)	(9,464)	(9,586)	(8,334)	(5,415)	(5,261)	(6,573)	(6,764)	(4,947)
				$14,850	$7,266	$(905)	$(7,786)	$(17,374)	$(27,039)	$(35,432)	$(40,871)	$(46,148)	$(52,737)	$(59,517)	$(64,480)

図表2-6　重要指標を時系列にまとめたスプレッドシートの例

	FY2021A	FY2022E	FY2023E	FY2024E	FY2020A			
	FY21A	FY22E	FY23E	FY24E	Q1-20A	Q2-20A	Q3-20A	Q4-20A
Period Ending,	21-Jan	22-Jan	23-Jan	24-Jan	19-Apr	19-Jul	19-Oct	20-Jan
ARR								
New ARR	$4,826	$8,956	$22,410	$32,288	$662	$668	$1,410	$2,087
Expansion ARR	3,424	6,330	15,720	30,390	571	511	545	1,796
Gross New ARR	8,250	15,286	38,130	62,678	1,233	1,179	1,955	3,883
Churn ARR	(1,830)	(2,199)	(3,991)	(9,451)	(316)	(449)	(643)	(422)
Net New ARR	6,420	13,087	34,139	53,227	917	730	1,311	3,461
Ending ARR	12,832	25,919	60,058	113,285	7,329	8,059	9,371	12,832
Sales Efficiency								
Gross Margin	65%	71%	77%	80%	61%	64%	66%	67%
Marketing Spend as% of New ARR	89%	62%	41%	38%	193%	154%	78%	42%
Marketing Spend as% of Gross New ARR	52%	36%	24%	19%	103%	87%	56%	22%
Magic Number	0.58	0.64	0.88	0.94	0.31	0.26	0.51	1.25
Net Sales Efficiency	0.93	0.89	1.15	1.19	0.54	0.41	0.89	1.83
CAC Payback	16.2	15.9	12.2	10.9	29.1	28.8	15.8	8.6
GM CAC Payback	25.1	22.3	15.9	13.5	47.6	45.1	24.1	12.8
Retention								
Renewal Rate	73%	80%	83%	84%	82%	69%	60%	81%
TTM Gross Retention	71%	83%	85%	84%	75%	71%	68%	71%
Quarterly Net Retention					117%	103%	95%	173%
Cash Management								
Avg. Monthly Burn	$(1,303)	$(2,221)	$(2,733)	$(1,962)	$(1,302)	$(1,358)	$(1,413)	$(1,139)
Operating Cash Flow / Net New ARR	(2.44)	(2.04)	(0.96)	(0.44)	(4.26)	(5.58)	(3.23)	(0.99)
YoY Growth								
OpEx	28%	89%	70%	47%	57%	27%	14%	24%
Net New ARR	77%	104%	161%	56%	50%	(6)%	18%	207%
Ending ARR	100%	102%	132%	89%	116%	93%	77%	100%
QoQ Growth								
OpEx					(1)%	(2)%	4%	23%
Net New ARR					(19)%	(20)%	80%	164%
Ending ARR					14%	10%	16%	37%

FY2021A				FY2022E				FY2023E			
Q1-21A	Q2-21A	Q3-21A	Q4-21A	Q1-22E	Q2-22E	Q3-22E	Q4-22E	Q1-23E	Q2-23E	Q3-23E	Q4-23E
20-Apr	20-Jul	20-Oct	21-Jan	21-Apr	21-Jul	21-Oct	22-Jan	22-Apr	22-Jul	22-Oct	23-Jan
$1,765	$1,781	$2,422	$2,988	$3,823	$5,084	$6,308	$7,194	$7,655	$7,924	$8,206	$8,503
1,018	1,358	1,796	2,159	2,774	3,330	4,345	5,271	6,254	6,920	8,278	8,938
2,783	3,139	4,217	5,148	6,597	8,414	10,653	12,465	13,909	14,844	16,484	17,441
(365)	(461)	(591)	(782)	(659)	(774)	(1,099)	(1,458)	(1,707)	(1,988)	(2,590)	(3,166)
2,418	2,678	3,626	4,365	5,938	7,640	9,554	11,007	12,202	12,856	13,894	14,275
15,250	17,928	21,554	25,919	31,857	39,497	49,051	60,058	72,260	85,116	99,010	113,285
69%	70%	71%	74%	75%	76%	78%	79%	80%	80%	80%	81%
59%	67%	69%	56%	46%	40%	42%	37%	38%	33%	38%	42%
37%	38%	40%	32%	27%	24%	25%	21%	21%	18%	19%	20%
0.63	0.66	0.64	0.65	0.83	0.81	0.91	0.93	1.00	0.99	0.94	0.85
0.86	0.94	0.91	0.86	1.11	1.04	1.22	1.19	1.31	1.24	1.18	1.08
16.6	15.4	16.1	15.8	13.0	13.4	11.8	11.4	10.5	10.5	10.8	11.6
24.1	22.1	22.6	21.3	17.4	17.6	15.2	14.4	13.1	13.1	13.4	14.3
78%	79%	80%	80%	82%	82%	83%	83%	84%	83%	84%	84%
74%	77%	80%	83%	84%	84%	85%	85%	84%	84%	84%	84%
122%	126%	130%	128%	137%	136%	137%	135%	134%	130%	130%	125%
$(1,421)	$(2,479)	$(2,697)	$(2,285)	$(3,155)	$(3,195)	$(2,778)	$(1,805)	$(1,754)	$(2,191)	$(2,255)	$(1,649)
(1.76)	(2.78)	(2.23)	(1.57)	(1.59)	(1.25)	(0.87)	(0.49)	(0.43)	(0.51)	(0.49)	(0.35)
41%	100%	122%	91%	111%	69%	60%	56%	39%	43%	48%	57%
164%	267%	177%	26%	146%	185%	163%	152%	105%	68%	45%	30%
108%	122%	130%	102%	109%	120%	128%	132%	127%	116%	102%	89%
12%	39%	15%	6%	24%	11%	9%	4%	11%	14%	13%	10%
(30)%	11%	35%	20%	36%	29%	25%	15%	11%	5%	8%	3%
19%	18%	20%	20%	23%	24%	24%	22%	20%	18%	16%	14%

ベンチャー・キャピタリストは、合理的なモデリングにより黒字化の見通しが立っている状態での赤字には寛容ですが（そうでなければVCはできません）、公開市場の投資家は損益にシビアです。買収を検討する事業会社からすれば、黒字化した会社のほうが高い評価をつけやすいのは当然のことです。

ものの見方が異なる投資家がいる公開市場に行く際は、そこにいる投資家と戦略的に目線を合わせる努力が必要です。

SaaSは、この目線合わせが比較的難しい業種です。製造業や売り切り型のソフトウエア企業であれば、商品が売れた瞬間に、その顧客からの売上全額が確定し、損益計算書に売上高として計上されます。一方、SaaSモデルは、同じ顧客から長期間にわたって売上を受け取ります。四半期ごとの損益計算書に計上される売上高は、顧客のライフタイムにおける一連の売上高の一部を切り取ったものでしかありません。将来の売上高に関しては、損益計算書にも貸借対照表にも表れません。

売上高とは逆に、費用は発生した瞬間に損益計算書に計上されます。サーバ関連費用やサービス運用の人件費、大口顧客向けのカスタマイズ費用、S&M費用は貸借対照表に資産計上することなく、コストとして計上します。コストだけ先にかかって、売上高は少しずつ計上される構造です。

SaaSは、サーバ費用やサポート費用などの初期費用を提供企業側がいったん負担し、1年半程度かけてユーザーから回収していくビジネスモデルです。先ほど紹介した指標をさっそく使えば、CACペイバック18カ月間がSaaSの全体的な相場です。このため成長が著しい瞬間、つまり、新規の顧客がたくさんいるタイミングほど初期費用が重くなり会計上の損益が悪化するのです。

上場直後は、アナリストを含め収益構造に対する理解が追いついていないことが多く、ネガティブな評価をされることが珍しくありません。市場が企業の実力に見合ったバリュエーションを付けやすい時期、すなわち損益計算書上に分かりやすく利益が出る、または近い将来に利益が出そうであることが容易に読み取れる時期に、IPOやロックアップ解除のタイミングを合わせられるよう、合理的な将来予測をしてイグジット戦略を練ります。

G&Aなど間接費用の予測には、会社側の計画をヒアリングすることも重要ですが、やはり同業の投資先の過去事例を参照するのは欠かせないプロセスです。売上高が拡大するにつれてG&Aなどの間接費用がどう増えていくのか、データを蓄積し「相場」を知ることが必要です。米国のVCは、自社でデータを蓄積するとともに、必要に応じて他のVCと情報交換をして足りない部分を補います。

ネオバンクの解約率の変化

データを蓄積していると、パターンが見えてくると同時に、そのパターンから外れる企業に出くわすこともあります。パターンから外れるほど優良なトラックレコードを持ち、その要因を合理的に説明できるような企業にだけ投資することがVCとしての理想といえます。

米国では「ネオバンク」や「チャレンジャーバンク」と呼ばれる、スマートフォンで金融サービスを提供するフィンテックのベンチャーがいくつかできています。2020年11月には、10代向けのデビットカードを発行するカレント（Current）という会社がシリーズCで１億3100万ドルの資金を調達しました。[34]

子供にデビットカードを渡し、親がスマホで限度額を設定できるといったサービスを展開していて、どちらかというと金融リテラシーが高くない層をターゲットとしています。都会よりも地方、大卒者よりも高卒者、高所得者よりも低所得者を顧客基盤としています。

顧客は、細かくサービスの質と手数料の高低を比較するのではなく「なん

34　https://current.com/blog/current-announces-131-million-in-series-c-funding-surpasses-2-million-members/

となくクール」といったイメージや、「友達が使っているから」という理由でユーザーになるようで、会費などが少し高くても気に留めません。必然的に既存の金融サービスに比べてARPUが高くなります。また、一度使い始めると再検討することが少なく、解約率も非常に低いのです。

所得の低い層は、伝統的な金融機関がターゲットにしてこなかった層です。手間がかかる割に１人当たりの取扱高が少なく、うまみが少なかったからです。どちらかというと中間層以上の人々をターゲットにして、細かい差異のサービスを打ち出し、わずかな手数料や金利の差を競ってきました。

ネオバンクはそうした限られたパイを奪い合う競争とは距離を置いています。店舗を持たずスマートフォンによる各種の手続き、AIによる与信管理などのテクノロジーを使うことで、効率的に顧客の束を取れるようになりました。１人当たりの取扱額が少なくても、人数のボリュームを取れ、手数料率を高く設定でき、また解約率も低いわけです。

4　各種指標の相場

米国のVCは、スタートアップの成長段階に応じて、各種の業績指標のレンジを把握しています。

たとえばSaaS企業の場合、売上高が100万ドル未満のスタートアップの売上高成長率はYoY（前年比）で30％程度が下限で、優秀な企業であれば270％を超えます。中央値は100％程度です。一方、売上高が2000万～5000万ドルの規模になると、当然ながら売上高成長率は全体として低下し、YoYで25～60％のレンジで、中央値は40％程度となります。

スタートアップの財務や収益性評価や将来予想は、大まかな参照値がなければ極めて難しく、結果としていい加減なものになりがちです。経営陣の作った計画をうのみにしないためにも、各指標において一般的なレンジがどれくらいなのか、データを蓄積することが強みとなります。当然、これはラウンド時のバリュエーション算定にも深くかかわります。

業界の相場を把握する

データを持っておけば、イグジットまでのシミュレーションがしやすく、PDCAが回しやすくなります。一般的なレンジから乖離したときに何が起こったのかを検証し、経営陣と話し合い、場合によっては予想値を修正します。イグジットまでの資金調達の予想も立てやすいため、適切な企業価値を算定することにつながります。レンジからの乖離は何かの変調の兆候かもしれません。レンジを知っていれば、実ビジネスの変調にいち早く気づけます。

各種指標の標準的なレンジは、業種によって大きく異なります。投資する業種の幅をいたずらに広げると、レンジ特定が難しくなり、科学的な判断がしづらくなります。米国のトップベンチャー・キャピタリストの多くが得意分野を持っているのは、分野特化のほうがデータ蓄積は早く、結果的に科学的な判断がしやすいからです。

相場を把握しておくべき指標は、SaaS企業の場合、少なくとも**図表2-7**の６つの指標です。

図表2-7　**把握しておくべき指標の例**

■財務指標

- ☑ 売上高成長率（YoY）
- ☑ グロスマージン（粗利益率）
- ☑ マンスリーバーン（月間現金燃焼額）

■SaaS指標

- ☑ CACペイバック（顧客獲得費用回収期間）
- ☑ ロゴ・リテンション／ユーザー・リテンション（サブスク顧客数の維持率）
- ☑ ネットダラー・リテンション（ARRやMRRの売上高の維持率）

図表2-8　売上の拡大と顧客の変化

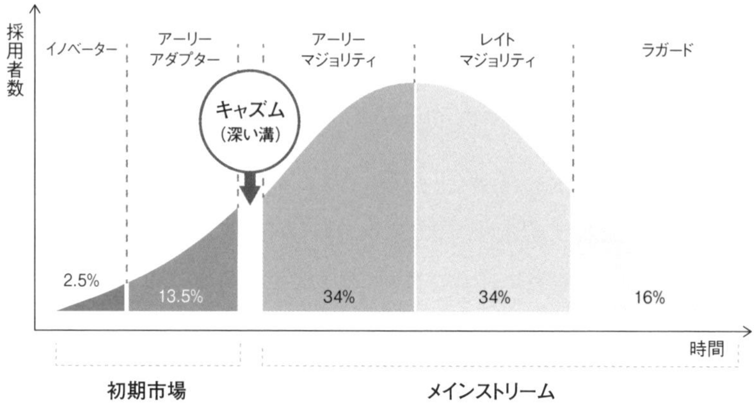

グロスマージン（粗利益率）は、売上高の規模が大きくなるほど、やや改善する傾向にあるものの、レンジは大きくは変化しません。概ね低くて60%、中間が70%、高いと80%程度です。

マンスリー・バーン（月間現金燃焼額）は、ネットベースで現金がどれだけ流出したかを表します。イグジットまでに投資先企業がどれくらい資金調達することになるか推定するのに便利です。

必ずしも現金流出額が少ないほうが「良い」というわけではなく、売上高との見合いで標準的なお金の使い方をしているかどうかを見ます。燃焼額が極端に多くても少なくても、何かが起こっている可能性があります。また、会社側が財務計画を出してきたとき、極端に現金燃焼を少なく見積もっているケースは、その妥当性について慎重に検証する必要があります。

CACペイバックは、売上高が数億円規模だと５～10カ月程度ですが、10億円台に成長するといったん10～20カ月に伸びます。顧客が「イノベーター」や「アーリーアダプター」から「アーリーマジョリティ」に拡大する際のキャズム（深い溝）を乗り越える局面に、マーケティング・コストが重くなる傾向にあると言えます。ところが、これを乗り越えると、優秀な企業は

CACペイバック（顧客獲得費用回収期間）が２カ月程度に縮みます。革新的なサービスの知名度が高まると、マーケティング・コストを投下しなくとも、口コミや評判で新規の顧客が獲れるため加速度的にCACペイバックが短くなります。

リテンションの変動

リテンションは顧客企業数の維持率を指します。たとえば100社だった顧客が翌月に99社になったら99％、逆に101社に増えたら101％となります。**ユーザー・リテンション**も同じ概念です。リテンションは売上高が大きくなるほど下がる傾向にあります。マーケティング努力によりロイヤリティの低いユーザーが流入してくる分、解約しやすくなるためです。

リテンションは、新規のユーザー流入と既存ユーザーの解約がバランスよく推移して維持されることがベストで、新規の流入が多いけれども既存ユーザーの解約も多く、結果としてリテンションが一定に維持されている、といった現象はあまりよくありません。その場合は何か問題が起こっている可能性を考えましょう。

ネットダラー・リテンションはサブスクリプション顧客の売上高維持率で、１社（１顧客）当たり100万円の売上高が80万円になると、80％です。ネットダラー・リテンションも大切ですが、主要顧客の維持率を示す**ロゴ・リテンション**のほうが相対的には大切だと筆者は考えています。ロゴ・リテンションが下がってきたとき、解約したユーザーに理由を聞きに行くなど、実態把握の調査をします。

5 潜在市場

TAM（Total Addressable Market／獲得可能最大市場）とは、企業が

アクセスできる潜在的な市場規模のことです。投資先企業のビジネスがどれほどの市場を持つのかを算定することは成長可能性を知るうえで重要ですが、肝心なのはトップダウン・アプローチの分析にしないことです。すなわち「類似サービスの合計市場規模の○%のシェアを取れると仮定すると、TAMは○億円になる」といった分析では意味がありません。

ターゲットとなる顧客はどこにいて、その市場にはマネジメントのうち誰がどうアクセスするのかを企業側にヒアリングし、その合理性を検討します。合理的に獲得可能な顧客を積み上げ、市場規模を推し量ります。ボトムアップの分析に加え、マーケットの境界線の引き方について柔軟に議論します。ユニット・エコノミクスが極めて高い優れたサービスは、既存サービスのカテゴリーを越境するからです。

既存マーケットを越境する力

たとえばズームの市場の広がり方は、シスコシステムズのWebExの持っている市場シェアの何%を取る、といった次元の広がり方ではありませんでした。ズームの普及は、根本的には「コミュニケーションのあり方を再定義する」といった発想に支えられていたのではないかと思います。

ミーティング主催者が発行したURLをクリックすれば、アプリをダウンロードしていない人でもスマートフォンやパソコンから瞬時に会議に参加できるという新しいサービスは、「ビデオ会議システム」という既存の市場を越境し、小規模な業者や家庭にも浸透しました。図らずも新型コロナウイルスのパンデミックで、ズームは「移動」というマーケットすら獲得するに至りました。

賢いエンドユーザーがどのような使い方をしているのか調査することで、サービスがどのようにマーケットを跨いでいるのかが浮かび上がります。地道なヒアリング調査が欠かせません。

Column

カウフマン・フェローズ・プログラムの選抜システム

カウフマン・フェローズ・プログラムはベンチャー・キャピタルの経営者候補を育成する教育プログラムです。実態はあまり知られていませんが、選考はユニークで厳しいものです。

まず、受験するには２人以上の推薦状が必要です。自分の上司や、企業のCEOである場合が多いようです。アマゾンのジェフ・ベゾスなど、推薦者は多岐にわたります。筆者は幸いにもシカゴ大学ビジネススクール時代の恩師である、著名なベンチャーファイナンス研究者スティーブ・カプランの推薦を受けることができました。「彼はサメみたいなやつだ。絶対あきらめず最後までやりきる」。カプランは、筆者のことをこのように推してくれたようです。

書類選考の段階で、恐らく20人程度の現役ベンチャー・キャピタリストに受験者の評価シートが送られ、コメントで評価されます。何人かの評価者には、選考担当者が電話でヒアリングします。「普段の仕事ぶり」がライバルに評価されるのです。受験者は、必ずしもこのシステムを知っているわけではありません。私自身も合格後、VCの仲間から「良い評価をしておいたよ」と電話がかかってきて、初めてこの選考システムを知りました。

無事に審査を通過すると、次は３回前後の面接です。面識のない現役のVCや、カウフマン・フェローズ・プログラムの運営担当者が面接官になります。日本人にとっては、英語による面接はどうしてもハンディキャップになりますが、一方でダイバーシティが重視されているため、米国人でないことが有利に働く面も若干あると思います。

Sozoベンチャーズのパートナー、松田弘貴は2021年にカウフマン・フェローズ・プログラムに合格しました。彼に聞くと、面接では生い立ちや尊敬する人、仕事上の失敗とそこからの学びなど、人柄や生き方を見極めるような質問が多かったそうです。書類選考の段階でスキル面のスクリーニングは完了し、面接だからこそ分かる人間性、組織適合性が観察されているのかもしれません。

Chapter 3

第3章
ユニコーンを測る物差しとキャピタル・デザイン

目利き？
そんな魔法の眼は、誰も持っていない（笑）。

エマージェンス・キャピタル創業者
ジェイソン・グリーン

1 IPO価格への厳しい目

ユニコーンの創出を増やしたいのであれば、バリュエーション（企業価値評価）に関して厳しい目を市場のプロが持つべきです。過剰なバリュエーションで上場し、経済メディアやアナリストがそれを看過すれば、割を食うのは情報の少ない個人投資家ではないでしょうか。個人投資家が割を食うマーケットは発展しません。

しかし日本には、バリュエーションの「適正性」よりも、「規模」を無条件に賞賛する文化があるように感じます。ここで米国と日本の大型IPOの様子を比べてみましょう。

2017年３月。写真共有SNS「スナップチャット」を運営するスナップ（Snap）は公開価格17ドルで上場しました。時価総額にして240億ドルの大型上場でした。スナップチャットは投稿した写真が一定時間を経ると消えるSNSとして、10代の若いユーザーに支持されています。ところが、収益化のめどが見えず、このIPO価格には当初からアナリストやメディアから「高すぎるのではないか」との批判が相次ぎました。

ロイター通信はスナップ上場後１年となる2018年３月２日に、スナップの株価が18.01ドルになったことについて皮肉を込めた記事を書いています。

「１周年記念、IPO価格から１ドルも上昇」[35]

金曜日、スナップは4.6％（80セント）上昇し18.01ドルとなった。「カメラ付きスマートグラスの開発をしている」というニュースサイトの報道に反

35　Reuters（MAR 3, 2018）, Happy anniversary: Snap up $1 from ITs IPO price https://www.reuters.com/article/us-snap-stocks/happy-anniversary-snap-up-1-from-ITs-IPO-price-idUKKCN1GE2YA

応した。これで2017年3月1日のIPOから6%弱、上昇したことになる。この間、S&P500は12%上昇している。

記事内では「この企業はベンチャーステージの企業だが、偶然にも上場してしまった」と、売り推奨するアナリストのコメントを紹介しています。株価の低迷は長引き、2018年終わりには4ドル台にまで下落して、批判が相次ぎました。[36]

一方、ちょうどこの頃、日本でも大型上場がありました。メルカリです。

2018年6月に公開価格3000円でIPOしたメルカリの株式は、年末には1800円台にまで下落しました。米国の感覚からすれば、他社との比較や財務上の観点から、バリュエーションに関して活発な議論があってよかったように思います。少なくとも筆者は、上場時のバリュエーションの適正性について批判したアナリストや経済メディアを知りません。むしろ日本版の「ユニコーン」として全面的に好意的に報じられていたように思います。たとえばIPO当日の6月19日、日本経済新聞は次のような記事[37]を出しています。

「『ユニコーン』日本見劣り、ポスト・メルカリはわずか」

フリーマーケットアプリのメルカリが19日、東証マザーズ市場に株式を上場した。時価総額は7172億円と今年最大のIPO(新規株式公開)となり、「ユニコーン」と呼ぶ世界標準にかなう成長企業の証明を果たした。だが、日本に次のユニコーン候補は少ない。メルカリ上場は日本のスタートアップ企業の問題点も浮き彫りにする。

「日本を代表するテックカンパニーになる」。上場後に記者会見した山田進太郎会長兼最高経営責任者(CEO)は語った。創業からわずか5年。10億

36 ただし2021年9月にスナップの株価は一時80ドルを超えた。
37 https://www.nikkei.com/article/DGXMZO31986370Z10C18A6EA1000/

ドル（1100億円）以上の企業価値を持つ未公開企業という、ユニコーンの定義を軽々クリアした一日となった。

メルカリIPOの４日前、日本政府は18年の「未来投資戦略2018」を閣議決定しました。ここには「2023年までにユニコーン20社を創出する」との目標が掲げられています。こうした目標を立てること自体は否定しません。

2021年８月には、公正取引委員会がIPO価格と市場で付いた初値との乖離が欧米に比べて大きいとして、調査を始めたことが報じられています。日本はIPO価格が低すぎたり、そうでなければ極端に高かったりと、振れが大きいという早稲田大学のリサーチ[38]があります。米国市場にも当てはまることですが、VC、アナリスト、メディアが正しくバリュエーションのコンセンサスを導く能力を得ることがユニコーンの育成に欠かせないと思っています。

本章では、ユニコーン企業のバリュエーションについて取り上げます。まずは、上場しているSaaS企業のバリュエーションについて解説します。出口時点でどのような企業価値になるのかを想定するためです。続いて、上場前のバリュエーションについて概観します。

2 上場時のバリュエーション

Sozoベンチャーズは、技術の確かさが実証され、ビジネスを実行する段階にある企業の資金調達に応じます。概ね２回目の資金調達（シリーズB）から４回目の調達（シリーズD）のスタートアップに投資します。

スタートアップが株式で資金調達をするうえで欠かせない条件は、イグジットまでラウンドごとに企業価値が上がっていくことです。企業価値が上が

38　吉田晃宗、牧兼充『スタートアップの上場はその後の成長に寄与するか　IPO後の株価パフォーマンス分析と「上場ゴール」問題』

図表3-1 企業価値の上昇と資金調達タイミングのイメージ

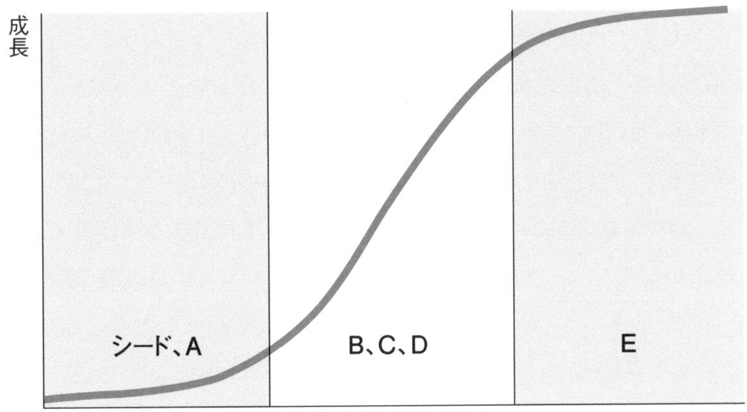

るからこそ、既存投資家が持ち分割合を減らし、新たな資金調達ができます。途中で企業価値が上がりすぎると、次に企業価値が下がってしまうので資金調達が難しくなります。これについては、後で解説します。

図表3-1にあるように、企業価値は徐々に上がっていくケースが理想的です。

COMPsによるバリュエーション

まずは、出口時点で投資先の企業がどれほどの企業価値になるのかを、上場企業をもとに想定します。これには**COMPs**（Comparable Company Analysis：類似会社比較法）を使うことが一般的です。業種やビジネスモデルが近い企業のバリュエーションを比較して、妥当な水準を推定する方法です。売上高成長率が40％（YoY）の上場前のSaaS企業のバリュエーションなら、同様に40％成長するSaaSの上場企業の株式は売上高の何倍で取引されているか、つまり**PSR**（株価売上高倍率）が何倍かを参照します。

バリュエーション指標には**PER**（株価収益率）や**PBR**（株価純資産倍率）、PSRなどさまざまなものがあります。ハイテクグロース企業は上場してい

図表3-2　バリュエーション指標

EV／NTM売上高
EV／NTMベースARR

※EV＝株式時価総額＋有利子負債－手元流動性
※NTM＝Next Twelve Months（次の12カ月）

ても利益が出ていない場合が多いため、売上高と株式価値または**企業価値**（Enterprise Value ＝株式価値＋負債価値）とを比べることが一般的です。売上高には、**NTM売上高**（Next Twelve Month Revenue）といわれる、今後12カ月の予想値を採用します。比較先企業のNTM売上高は、一般的には企業の発表する予想値を使い、ない場合は直近に発表された四半期決算における売上高を４倍した推定値を使ったり、アナリストのコンセンサス予想を使ったりします。

SaaS企業の場合、全体の売上高の代わりにNTMベースのARR（年間継続課金売上高）を使ってCOMPsを取ることが適切な場合もあります。以前にも指摘した通り、ARRは企業によって定義が異なり、中には契約に至っていない想定数字を算入する場合もあるので、こうした数字は取り除いて保守的に考える必要があります。

グロース企業に対しては成長性が株式市場の重要な関心事なので、売上高の成長性が高いほうがバリュエーションは高くなります。バリュエーションを縦軸、売上高やARRの昨年対比（YoY）の成長率を横軸に取り、競合他社をプロットすることで、妥当なバリュエーションの水準が推定できます。

成長率ではなく、粗利益率を横軸に取る場合もあります。バリュエーションを比較する際の基準は業種によって異なりますし、いくつかの基準を見て総合的にレンジを推定することもあります。バリュエーションを比較する基準は、長年VCをやってきても試行錯誤します。

図表3-3　メリテックが公開する上場SaaS企業のバリュエーションプロット[39]

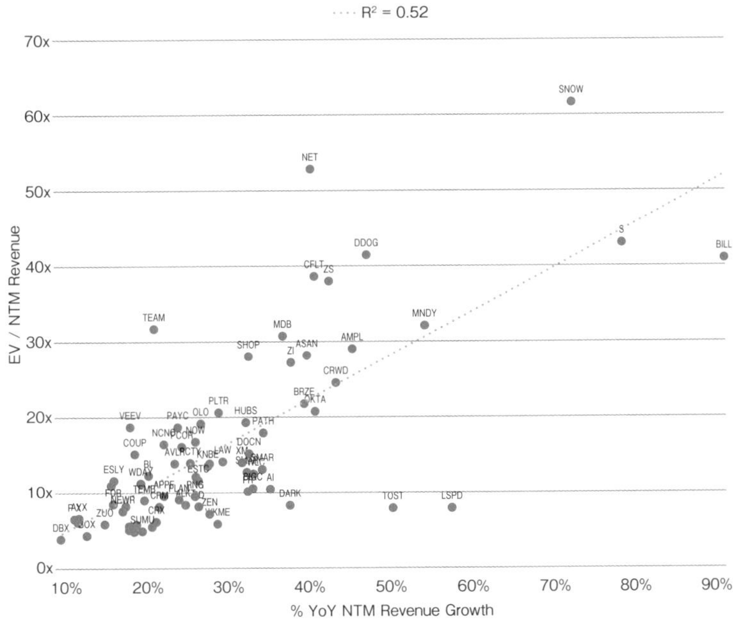

VCのメリテックは、上場しているSaaS企業のCOMPsについて網羅的なデータを公開しています。横軸にNTM売上高の成長率、縦軸にはバリュエーション（EV／NTM売上高）を取ると、NTM売上高の成長率が高いほどバリュエーションが高くなる関係にあることが分かります。たとえばNTM売上高の成長率が30％弱のサービスナウ（NOW）は、EVがNTM売上高の20倍を下回る水準でバリュエーションされています。一方、NTM売上高成長率が40％台半ばのクラウドストライク（CRWD）は20倍台を上回っています。このように、売上高の成長率から、妥当なバリュエーションレンジが推定できます。

39 https://www.merItechcapItal.com/public-comparables/enterprise#/public-comparables/enterprise/valuation-metrics

3 投資段階でのバリュエーション

基本的には、VCはイグジットまでの業績予想を作成し、イグジット時点のバリュエーションを想定したうえで、逆算して現在のバリュエーションを算定します。イグジットまでに投資先の会社はどれくらいのキャッシュアウトフローがあり、どれくらいの資金調達が必要なのか。それに伴い、どれくらい株式数が増えるのか。こうした逆算に加えて、類似した過去の未上場企業のバリュエーションや、ほかのVCが投資している類似企業のバリュエーションを参考にしながら（要はCOMPs）、適正と思われる株価を弾き出します。

スタートアップ側も、彼らなりのバリュエーションを提示します。企業側は、投資家よりも将来時点（数カ月後）の前提で株価を算定しがちですので、どの時点のバリュエーションなのかについてお互いに妥当性を話し合い、認識を詰めます。

もちろん、業績は想定から外れていきます。投資当初は、企業側と月１回程度のミーティングを持ち、キーとなる数字を中心にウォッチして、74～77ページのようなスプレッドシートを修正しつつ、その要因や改善点について話し合いPDCAを回します。概ね４半期に一度、バリュエーションを修正します。このとき、図表3-4の項目をチェックします。

定期的なバリュエーションの見直しの際には、想定よりも良くなったものについてはカウントしません。保守主義の観点から、アンダーパフォームしているものだけをカウントし、バリュエーションを引き下げます。これらのバリュエーション方法は、Sozoベンチャーズ独自のものではなく米国財務会計基準審議会（Financial Accounting Standards＝FAS）のガイドライン「ASC820」に従っています。

投資家（LP）への定期的なレポートも、FASのガイドラインに従ったバリュエーションを報告します。また、必ず第三者の機関にも評価してもらい、

図表3-4　定期的なバリュエーション修正の際のチェック項目

- ☑ 売上高
- ☑ ユーザー数
- ☑ ユーザー増加率
- ☑ 現金残高
- ☑ 資金調達の蓋然性
- ☑ マネジメントチームの質
- ☑ 技術力やマーケットポジション
- ☑ 債権優先回収権の状況

（チェック表の例）

Portfolio Company	Revenue compared to expectations Investment	#Users/ Subscribers	#Users/ Subscribers growth rate	Cash position	Prospects for future Funding	Strong Team	Strong Technology or Market Position	Liq Prefs to recover Cost	Overall Rating	Determined Value vs. Last Round based on Overall Rating	Valuation Comments
Example	60%	650k	N.A.	Med	Low	Good	Fair	Very Good	Fair+	70%	Progressing but slow; Exit value expected to be lower

客観的な評価を得ています。各VCとも共通の基準でバリュエーションをするため、同じ会社の価値を評価したときに出てくる数字がまったく異なるというケースはあまりありません。

ラウンドごとに上がるバリュエーション

バリュエーションが上がるのはラウンド（資金調達）の時です。事業の進展を考慮し、改めて企業価値を評価し直します。

シリーズAでは商品のプロトタイプを完成させ、感度の高いユーザーが試しに使っている程度のマイルストーンが必要かもしれません。シリーズBでは、完全でないにしても商用生産を開始し、いくつかの企業と販売契約を結び、数億円の売上高が求められるかもしれません。シリーズCでは、キャズムを乗り越え、マス層に商品が浸透し始めていれば、たいていのVCが出資に興味を持つかもしれません。事業上のマイルストーンを乗り越えるごとに前ラウンドで想定されたリスクが潰されていき、バリュエーションが切り上がります。

逆にいえば、スタートアップは次のラウンドまでに目標とするマイルストーンを達成するために必要十分な資金を、そのラウンドで調達することになります。ラウンドにおけるバリュエーションに関しては、次の第４節「キャピタル・デザイン」で触れます。

イグジット時に価格は2～3倍

ガイドラインに従った業界標準のバリュエーションは保守的であるため、IPOでもM&Aでも、イグジット価格は平均的には直前の評価額の２～３倍に跳ね上がります。順調にイグジットしたときに、VCの評価額の２～３倍の市場価値が付けば、VCのバリュエーションは「標準的」だったということになります。Sozoベンチャーズの実績でもほかの米VC実績でも、概ね標準的な結果となります。個人的にこの程度の保守的なバリュエーションが業界標準となっていることはアセットのリスクを考えると適切と思います。

バリュエーションは、株式市場全体の発展にとって非常に大切です。未上場企業のバリュエーションについての業界標準、ガイドラインを業界団体や規制当局、取引所が整備していれば、妥当な企業価値で株式が公開され、一般の投資家が安心して投資に参入できるようになります。不当に割高な公開価格で株式をつかむ一般投資家が後を絶たなければ、やがて株式市場に個人マネーは入ってこなくなります。逆に不当に割安な公開価格はIPO企業の資金調達を妨げ、個人投資家に不健全な投資インセンティブを与えます。

ロックアップについても厳格に運用しなければ、高値で上場して売り抜けるインセンティブをVCに与えます。一般の投資家が適切に保護される制度設計が求められます。

税制面の影響も

なお、米国でVCが保守的にバリュエーションを見積もるのは、税制面の影響もあります。実際に現金として配分した実現ベースでなく、時価ベースで課税されるため、バリュエーションを上げるとイグジットして現金化しないうちから課税対象となる可能性があります。[40] このような制度により、結果的に、ファンド運用期間における保守的なバリュエーションをインセンティブづけられています。

4 キャピタル・デザイン

創業からIPOまで、スタートアップは資金調達を繰り返します。株式による資金調達を繰り返す際に重要となるのは、ラウンドのたびに企業価値が上がることです。企業価値が上がるからこそ、増資により持ち分割合を減らして資金調達ができます。**ダイリューション**（希薄化）しても企業価値が上がっている分、１株当たりの価値は下がりません。

企業価値の上がりすぎはNG

投資家側もスタートアップ側も、経験が浅ければ浅いほど、企業価値を高く見積もりたいと思うものです。中には、途中で高く売ってさっさと抜けてしまおうと思う投資家もいるかもしれません。しかし、企業価値が途中で上がりすぎてしまうと、次に調達したいときに企業価値が下がってしまう恐れがあります。

VCからの資金調達は株式を新規に発行することに他ならないため、全体の企業価値が下がると既存株主は株式のダイリューションの影響を受けます。１株当たりの価値が下がった分、多くの株式を発行しなければならないため、株価も持ち分割合も下落します。当然、投資家の間でラウンドにおける合意形成が難しくなります。ラウンドは原則、前のラウンドより高いバリュエーションでこそ可能になるのです。

40　米国のVC(GP)はイグジットして現金を得ると、LPの出資額に達するまで、現金をLPに返し続ける。1億ドルの出資を受けたファンドは、1億ドルに達するまで現金を返し続けるため、ファンド初期にはVCの手元には運用フィー(一般的に1年当たり運用額の2%)以外の現金が残らない。にもかかわらず投資先のバリュエーションが上昇すると、含み益に対して課税され税金を支払うため、資金繰りが厳しくなる。

余談ですが、VCの視点と株式による資金調達という観点で見ると政府の補助金によるベンチャー振興策は、スタートアップの成長を妨げる恐れがあります。補助金を出すことで損益が改善し、企業価値がインフレすると、次の資金調達が難しくなってしまうからです。もちろん、補助金を有効利用して、補助金を受けたとき以上の企業価値を作り出せれば資金調達は可能ですが、そんな芸当ができるスタートアップは、政府の補助金がなくても独力で資金を調達できるでしょう。

米国ではすでに、スタートアップ向けの補助金は悪影響が大きいという認識が定着しています。**中小企業技術革新制度**（SBIR）など科学技術関係の補助金は有名ですが、株式による民間の資金調達の必要性が小さく、環境関連のように実業化までに時間がかかる分野の研究開発分野に限定されているという理解です。

企業価値が上がり続けるプラン

企業価値が上がり続ける調達プランを作ることが、スタートアップ側にとっても投資家側にとっても重要です。VCは、企業側のプランをヒアリングするとともに、自分自身でもプランニングし、企業側のプランの妥当性を検証します。正しいプランニングができている企業は、経営陣にモデリングの能力があるということです。モデリングの能力は、ベンチャー企業を経営するうえで必要となる基礎的な能力の1つであると米国では考えられています。

プランニングは、第2章に示したような一連のモデリングが裏付けになります。資金調達の計画は、事業計画と不可分です。1回のラウンドでは、次のラウンドまで現金が枯渇しない十分な調達が必要です。次のラウンドまでにどんなことにお金を使うのか。それによって、どのような事業上のマイルストーンを達成するのか。そのマイルストーンを達成したことにより、次のラウンドではバリュエーションがどれくらい切り上がり、どれくらいの株式発行でどの程度の資金調達ができるのか。また、次々回のラウンドまでにどれくらいの資金が必要になるのか、月間の現金燃焼額の予想などを参考にしつつ、合理的に長期のプランニングをします。

プランを立てる際に、第2章で言及した過去のデータの蓄積に基づくモデルが非常に役に立ちます。むしろ、それがなければほぼ不可能といえます。当然、プランは現実と乖離するため、乖離の原因を分析したうえで修正するというPDCAを繰り返します。VCは、このようにして科学的に経験値を積んでいきます。曖昧な基準で投資をしていては、VCとしての進歩はありません。

シード段階のキャピタル・デザイン

ここでは典型的な資金調達のパターンを取り上げます（**図表3-5**）。企業価値を切り上げながら、新しい投資家を入れて創業者が持ち分を減らしていく一般的なパターンです。一番上の図の通り、5人の創業者が各1000ドルずつ、合計5000ドルを出資して会社を設立したとします。創業者は、1人当たり1000ドルで、33万3000株の株を割り当てられます。株価は0.003ドルです。企業価値は5人の出資額に等しい5000ドルです。創業者1人当たりの持ち株比率は円グラフにある通り20%となります。

次に、シードラウンドで1回目の資金調達をします。エンジェル投資家から60万ドルの出資を受けます。このとき、創業者とエンジェル投資家は1株当たりの価値1.665ドルで合意しました。創業当初は創業者の出資額に等しい0.003ドルでしたが、ここでは事業に価値が付き、企業価値が上昇したことで株価が上がっています。ただ0.665ドルは新株発行前の株価であり、資金調達後は株式数の増加による希薄化で1ドルになります。創業者1人当たり20%だった持ち分割合は、14.7%に減っています。

次に、ビジネスを遂行するマネジメントチームや従業員を確保するため、**オプションプール**を用意します。オプションプールとは、新しく入ってくる

図表3-5　キャピタル・デザイン

創業時

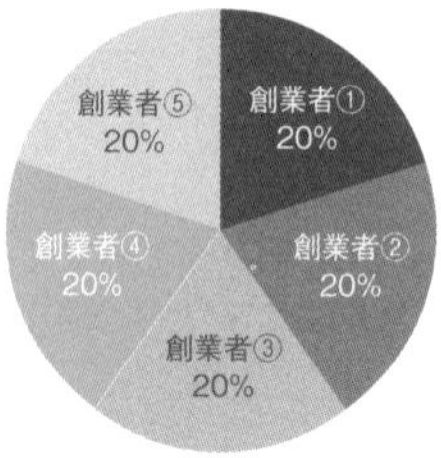

■株主　創業者5人
■株式数　33万3000株×5人＝166.5万株
■株価　0.003ドル
■企業価値　5000ドル

1回目の資金調達（シードラウンド）

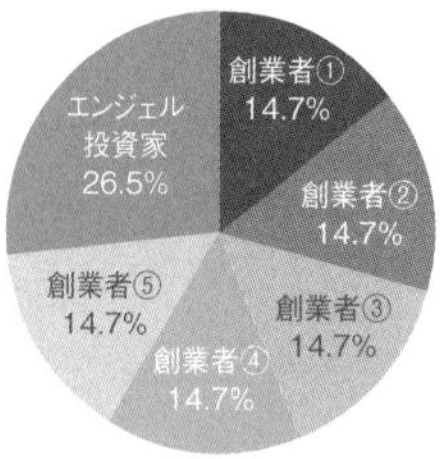

■株主　創業者5人＋エンジェル投資家1人
■株式数　166.5万株+60万株＝226.5万株
■株価　1ドル（希薄化後）
■企業価値　226.5万ドル

オプションプールの設定

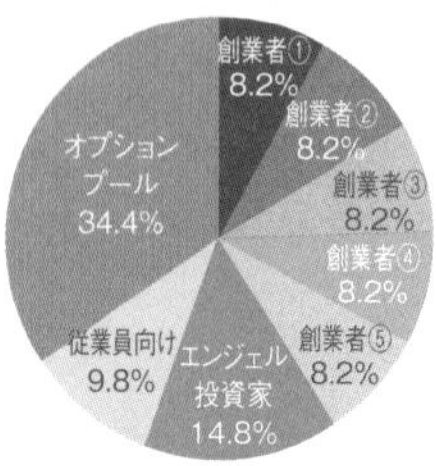

■株主　創業者5人＋エンジェル投資家1人＋オプションプール（将来の株主）
■株式数　166.5万株+60万株+140万株+40万株＝406.5万株
■株価　1ドル
■企業価値　406.5万ドル

VCからの資金調達（シリーズA）

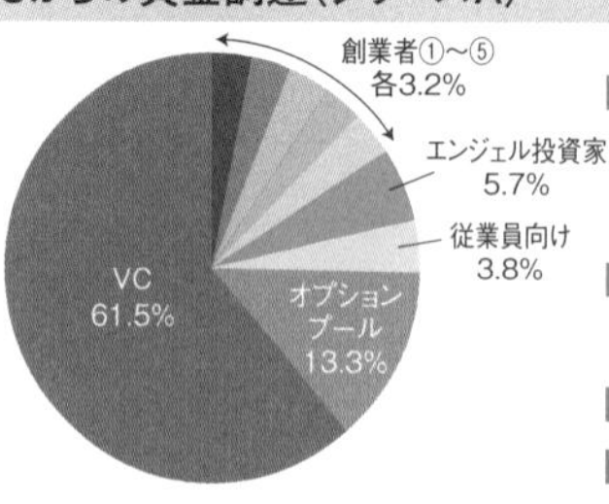

■株主　創業者5人＋エンジェル投資家1人＋オプションプール（将来の株主）＋ベンチャー・キャピタル1社
■株式数　166.5万株+60万株+140万株+40万株+650万株＝1056.5万株
■株価　1.54ドル（希薄化後）
■企業価値　1625万ドル

マネジメントに付与される予定の**ストックオプション**[41]（新株予約権）です。ここでは140万株のマネジメントチーム向けオプションプールおよび40万株の従業員向けのオプションプールを発行します。株価は１ドルで変わりませんが、潜在的な株式数は増えています。

ニーズにフィットした人材を確保するため、適切にオプションプールが設定されていることは資本構成をデザインするうえで重要な要素です。どんな人材が何人必要で、どれくらいの報酬であるべきなのかを合理的に計画しつつ、オプションプールを設定します。オプションプールは重要な人事戦略でもあり、出資条件としてタームシート中に記載することは珍しくありません。

図表3-5の例では、オプションプールを発行した時点では34.4%、従業員向けに9.8%の持ち分割合で設定し、創業者の持ち分は１人当たり8.2%になっています。同様にエンジェル投資家の持ち分も、直近の26.5%から14.8%へと下がっています。

いよいよVCからの資金調達、シリーズAを迎えるとどうでしょう（一番下の図）。事業が順調に成長し、企業価値は1625万ドルとバリュエーションされました。650万株の新株を1.54ドルでVCに割り当て、1000万ドルを調達します。創業者の持ち分は１人当たり3.2%にまで低下。エンジェル投資家は5.7%、創業者向けオプションプールは13.3%、従業員向けオプションプールは3.8%、になりました。

図表3-5に示した例は、実際のスタートアップを参考にしています。この例では、やや経営陣の持ち分割合が低くなっています。上場後にCEOの持ち分が10～15%、CFOなど主要マネジメントが７～10%、経営陣全体で

41　取締役、従業員に成功のインセンティブを付与する「ストックオプション（SO）」という制度がある。あらかじめ設定した価格で、従業員や取締役が株式を取得し、それを売却して利益を得る。ただし税制面などの違いがあり、日米では価格の設定と割り当て可能な期間や退職時の取り扱いに大きな違いがある。たとえば日本においては、ストックオプションの行使価格と割り当ての設定を1年以内に行う必要があり、ラウンド時に行使価格を設定し割り当ては後ほど行うことができる米国のようなオプションプールの設定が難しい。そのギャップを経営陣が制度的に負担する信託型SOという日本独自の制度もあるが、スタートアップに使いやすいとはいえないように思われる。

30～40%程度を確保するのが標準的です。

どのVCを選ぶか

VCから資金を調達する段階になると、スタートアップは誰に資本を入れてもらうかを真剣に考える必要があります。苦しいときも含めて継続的に資金を出してくれる中核VCに、資本の過半以上を支えてもらうことが非常に重要になります。

逆にいえば、VC側は当初から継続的に資本を提供することを前提に出資計画を立てます。優秀なスタートアップのCFOは、継続的に資金を提供してくれない見込みのVC、つまり単発の投資ばかりするVCは選ばないため、米国のトップVCは基本的に継続投資をします。投資先に追加で投資することを「**フォローオン投資**」といいます。

スタートアップを初期段階から資金面で支え続けている（ラウンドごとに出資し、過半数以上の資本を支えている）中核VCのフォローオン投資は、新しい投資家の呼び水となります。スタートアップを最も知っているのは既存の投資家だからです。ボードミーティングに入り、経営を近くで見ている中核の投資家が次のラウンドでも投資をすることは、新しく入る投資家にとって良い兆候としてとらえられます。

ここまで来ると、日本型のCVC（Corporate Venture Capital）は本来的に王道のベンチャー投資に向いていないことが分かります。一般的にCVCは本社に予算を握られているため、タイムリーに追加投資の判断がしにくい構造になっています。数年間～10年間という長い期間、フォローオン投資用のまとまった資金を確保するのは難しいでしょう。

後から参加する投資家に評価されやすい「投資家のデザイン」

会社の中身がよく分かっている既存の投資家が継続的にその会社を評価し続け、フォローオン投資をしているケースは「よい投資案件である」というメッセージになり、後から入ってくる投資家のポジティブな判断材料となります。ラウンドにおいて新しく資金を入れようとする投資家は、既存の投資家が自分たちの持ち分割合以上の割合を投資しているかどうかを極めて重視します。

初期段階の資金調達で著名なVCにそれなりの割合で出資してもらい、その後の調達でも継続的に出資を受け、持ち分を保ってもらうことがスタートアップにとっては理想的です。

逆に、有望なスタートアップは継続投資をする蓋然性の高いVCを選びます。VCは、過去にどのようにフォローオン投資をしてきたか、ファンド内にフォローオン投資用の予算はどれくらい残っているかを見られるわけです。

VCは、刻一刻と変わるスタートアップの資金ニーズを的確にとらえ、次のラウンドのための資金を準備します。当然、投資先は1社ではないため、ポートフォリオ全体をバランスよく調整します。良いスタートアップに選んでもらうため、こうしたポートフォリオマネジメントは必須です。ポートフォリオマネジメントについては、次の第4章「ベンチャー・キャピタル7つの機能」で詳しく述べます。

ケース❶ コインベースの資金調達

VCからの資金調達の実例を見てみましょう。

仮想通貨取引所のコインベース・グローバルは2012年に設立されました。いくつかのシードラウンドにおける調達を経て、13年5月にシリーズAの資金調達に至ります。最大の投資家でラウンドのまとめ役となる**リード投資家**の役割を果たしたのはユニオンスクウェア・ベンチャーズ。フレッド・ウィルソン率いる、フィンテック分野のトップVCです。

以降、ユニオンスクウェアはシリーズB、C、Dと連続してコインベースに資本を投下します。名門VCが支え続ける案件にはラウンドごとに投資家が集まり、15年1月のシリーズCにはアンドリーセン・ホロウィッツが入っています。アンドリーセンは、スカイプやスラック、エアビーアンドビーに投資したトップVCです。このラウンドにはニューヨーク証券取引所(NYSE) も投資家として参加し、株主となっています。16年７月には、シリーズＣと同条件のシリーズＣ＋のラウンドがあり、三菱UFJ銀行が業務・資本提携、Sozoベンチャーズも株主となりました。

VCからクロスオーバー投資家へ

コインベースが仮想通貨取引のインフラとして経営基盤を確立するにつれ、バリュエーションが急速に切り上がり、調達額も巨額になります。前述のように、各州の認可を取得したり、コンプライアンス体制を整えたりするために大量の弁護士を採用するなど、バックオフィスに大きなコストがかかり資金需要も大きかったのです。

16年８月のシリーズＤの段階でバリュエーションは10億ドルを突破。シリーズＥでは80億ドルに達しました。ここまで来ると、リスク提供する主体は純粋なVCではなくなり、巨額の運用資産で上場・未上場を跨いで投資する**クロスオーバー投資家**になります。コインベースの場合、シリーズＥでクロスオーバー投資家のタイガー・グローバル・マネジメントがリード役となり、調達額３億ドルの大部分を担いました。ユニオンスクウェアなどの既存投資家は持ち株を売却し、これをアンドリーセン・ホロウィッツが買い取りました（新規に発行した株ではなく、既存株主から株を買い取る「**セカンダリー取引**」は109ページ参照)。アンドリーセンはVC部門のほか未上場、上場株の両方にグロース株投資をするクロスオーバーのファンドを別に持っています。コインベースは21年４月、NASDAQに上場[42]を果たし、取引初日には時価総額が一時1000億ドルを上回りました。

金融インフラのように資金調達の規模が巨大になる分野の場合、局面によって投資家の種類が変わります。一方、ズームのようにシリーズＢの段階から資金需要が発生しなくなる企業もあります。スタートアップもVCも、いつどれくらいの資金需要が発生するのか合理的な計画を立て、適切にデザインされた資本をつくることが求められます。

ケース❷ プロジェクト44の資金調達

「ルート66」は、米国のイリノイ州シカゴとカリフォルニア州サンタモニカを結ぶ、全長3755キロメートルの幹線国道です。ロードムービーや小説、音楽の舞台となった米国物流のアイコンのような道路です。この道の開通後、しばらく物流の増加に対応した道路が造られなかったのですが、1953年に「ハイウェイ44」が最初の主要バイパスとして開通しました。物流インフラとしてサプライチェーンの高度化を促し、米国の成長を支えました。

物流高度化プラットフォームを提供するシカゴのスタートアップ、プロジェクト44（project44）の社名はこのハイウェイの名前にちなんでいます。同社によれば、米国だけで年間16.4兆ドルの荷物が移動しており、プロジェクト44はコンテナ船や貨物列車、トラックの位置のリアルタイム可視化、効率的な輸送プロセス情報、到着時間の予測情報などを提供しています。すでにデファクトスタンダードになった物流情報プラットフォームです。

2014年にシカゴで設立、翌年には最初のフルタイム・エンジニアチームを雇い、陸運の可視化プラットフォームを公開しました。シリーズAの資金調達は設立２年後の16年。このラウンドをリードしたのはエマージェンス・キャピタルで、以降は一貫して中核投資家として資金を提供しています。

42　コインベースは、短期的には調達するほどの資金ニーズがなく、また株式の流動性が確保できるという見込みがあったため「直接上場（ダイレクト・リスティング。109ページ参照）」の方法で2021年4月14日に上場した。ダイレクトリスティングは機関投資家の引き受けによる資金調達を伴わない。このため証券会社に手数料を支払う必要がなく、また引き受け証券会社による株価決定の影響を受けない。NASDAQはコインベースの参考株価として1株250ドルを提示した。初値は381ドル、一時は参考価格を7割強上回る429.54ドルまで買われ、終値は328.28ドルだった。日本経済新聞（2021年4月15日付電子版「米仮想通貨交換コインベース上場　時価総額一時8兆円超」）によると、14日終値ベースで比べたコインベースの時価総額はNYSEを傘下に持つ米インターコンチネンタル取引所（ICE）に匹敵する水準。

良い投資家が新たな投資家を呼ぶ

18年のシリーズＢでも、エマージェンスがリード投資家を務めました。同年のシリーズＣ、20年のシリーズＤではリードはしなかったものの追加出資に応じます。エマージェンスのようなトップVCが資本を支え続けていることは、ほかのVCに対し投資案件としての優良さを示すアイコンとなります。良い投資家が中核となって継続投資をする案件には必ず次の投資家が集まってくるため、スタートアップは資金調達がスムーズになります。資金面だけでなく、さまざまなビジネス戦略上の付加価値を期待でき、スタートアップにとっては選択肢が広がります。

シリーズＢからＤにかけて、プロジェクト44は、ノースアメリカン鉄道の輸送トラッキングをプラットフォーム上に追加したほか、国際・米国内の小包の配送状況のトラッキングも組み込みました。18年には海運のリアルタイムトラッキングデータ会社ゲートハウス・ロジスティクス（GateHouse Logistics）を買収したのを機に、欧州にオフィスを構え48カ国をカバーします。21年３月には同じく海上輸送トラッキングのオーシャン・インサイツ（Ocean Insights）を買収しました。フルタイム従業員は18年９月に100人、３カ月後の19年１月には200人に達しています。

21年６月のシリーズＥでは、ゴールドマン・サックス・アセット・マネジメントとともにエマージェンスが３度目のリード投資家を担いました。プロジェクト44は、プラットフォームの拡大やM&Aに調達資金を使うと表明しています。

調達額は、シリーズＡからＥにかけて1050万ドル、3500万ドル、4500万ドル、１億ドル、４億4250万ドルと拡大していきました。シリーズＥの調達は巨額であり、上場企業と未上場企業の両方に投資するクロスオーバー投資家であるゴールドマン・サックスが登場しています。シリーズE時点の企業価値は12億ドル。シリーズＣの資金調達前の時点では４億5000万ドルですので、企業価値を高めながらラウンドをこなす姿が浮かび上がります。

5 ダウンラウンド

事業が計画通り進まずに、バリュエーションを下げて資金を調達する**ダウンラウンド**を余儀なくされる場合もあります。エアビーアンドビーは2020年12月のIPO前に新型コロナウイルスのパンデミックに見舞われ、ダウンラウンドを実施しました。

ダウンラウンドには、既存の投資家が事業計画を作り直し、いったん仕切り直す意味合いがあります。たとえば、これまでのラウンドで発行した特別な権利を付与されている優先株式を、すべて普通株式に転換し、累積した残余財産分配権をなくすなどして、再建に向けた資金注入の障害となる複雑な資本関係を整理します。場合によっては新規の投資家を呼び込み、資金を迅速に注入して事業立て直しを促します。

スタートアップにとっては、仕切り直してくれる投資家の存在は事業を継続するうえでとても大切です。有望な企業を苦しいときも支えるVCは信頼されます。

Sozoベンチャーズが投資をしたいくつかのスタートアップの中にも、残念ながら仕切り直しをしなければならないことがありました。

スタートアップは、順調だったのに突然苦境に陥ることもあれば、**ピボット**（事業転換）して再浮上することもあります。実績あるVCは、こうした浮沈をある意味で当たり前ととらえ、適切な支援をします。

スタートアップの事業がうまくいかないと、それ以上の支援に二の足を踏む気持ちは理解できますし、適切なリスク判断による撤退も選択肢の1つです。それでも、冷静に可能性を見出してサポートを継続することは非常に大切で、起業家は苦しいときこそVCの振る舞いを見ています。また、共同投資をしているほかのVCもしっかりと見ています。

Sozoベンチャーズが、苦しい時もスタートアップを支えてきたことは、起業家、ほかのVCからの信頼につながっていると考えています。

前回の１株当たり価額を下回る増資となるダウンラウンドを狙って入ってくる投資家もいます。フィデリティやティー・ロウ・プライスなど、上場株にも資金を投じるクロスオーバー投資家です。ある程度の業績を出せる段階にある会社に対して中長期に投資します。VCと性質が違い「割安になったら入り、妥当な価格になるまでしっかり待つ」というスタンスです。

VCファンドの運用期間は10年程度のため、概ね前半５年で種まきし、後半５年でフォローオン投資をしつつ収穫します。実質的に、５～７年スパンでの成果が見えない案件には入りづらい面があります。ダウンラウンド案件は再浮上に時間を要する場合が多いため、VCは新規に投資しづらいのです。一方でグロース投資家は終了時期に制限のないファンドも多く、柔軟な判断ができます。またM&Aによる早期のイグジットを狙った**プライベート・エクイティ・ファンド**が入ってくる場合もあります。

6 セカンダリー取引

セカンダリー取引とは、未上場企業の株式を別の投資家から買い取る取引のことです。つまり、未上場のスタートアップが新たに発行した株式を買い取る（**プライマリー取引**）のではなく、すでに発行されている株式を二次的に買うことを指します。

一般論としてIPOやM&Aを目指しているスタートアップは、セカンダリー取引によって無秩序に株主が増えることを嫌います。IPOやM&Aの際、速やかに合意形成したいためです。このため、通常は株式の移転に際して取締役会の承認を必要としています。

イグジットについて速やかに合意したいと考えるのは、既存投資家も同じです。既存株主は多くの場合、株主移転に対する拒否権と、セカンダリー取引が発生しそうなときに同条件で優先的に買い取りできる権利を、投資契約に入れ込んでいます。

セカンダリーが許される案件の特徴

イグジットに確信があるのなら、取締役会も既存株主もセカンダリー取引に同意しないと考えるのが自然です。セカンダリーが許される案件は、イグジットは短期的には望みが薄い可能性が高いと見るべきです。

ただ例外的に、**ダイレクト・リスティング**（資金調達を伴わない上場。主幹事証券を通さず、発行体が株式を直接市場に売却する）による上場の直前には、株式の参考価格を見極めるため、既存投資家が移転制限をかけずに限定的なセカンダリー取引をすることがあります。コインベースは、このときの取引株価250ドルを上場時の「参考価格」として公表しました。

余談ですが、コインベースやズーム、エアビーアンドビー、ロビンフッド・マーケッツ（Robinhood Markets）のような話題になるIPOにおいては、上場の可能性が報道され始めたころにセカンダリーで株式を買い、投資功績としてアピールするVCが存在します。悪質なケースだと、上場後に少量の株式を買って「投資先である」と主張するVCすらあります。クランチベースなどのVCデータベースに「投資先」として申告するのです。

LPとしてVCに資金を入れる場合、過去の投資案件を調べるのはもちろんですが、どのラウンドでいくら投資し、いくらでイグジットしたのか、詳しく確認するのが望ましいでしょう。データベースは実態と異なる場合があるのです。イグジットしたスタートアップの過去のラウンド当時のニュースを調べて、そのVCの名前が触れられているか確認するだけでも効果があります。データベースに載っていても、ニュースにまったく触れられていないVCであれば、詳細をェックしたほうがいいかもしれません。少なくとも、

LPとしてVCへの投資を検討するのであれば、どんな種類の株式をいつ、いくらで購入したのか資料を要求し、共同投資家らのレファレンスを取るべきです。このようなチェックは、米国では通常のプロセスです。

セカンダリー市場活性化策はスタートアップに貢献するのか?

近年、日本ではスタートアップの振興を目的として、未上場企業のセカンダリー取引を広げていこうとする意見が目立ってきています。投資の活性化や、未上場企業へのリスクマネー供給の流れを作るという文脈で、国の政策としても議論されているようです。

しかし、この議論は慎重にすべきではないでしょうか。セカンダリー取引は言葉の通り、発行済の株式を、既存株主が別の誰かに譲渡する取引です。プライマリー、つまりスタートアップへの資金となる投資とは異なり、セカンダリー取引を促進してもスタートアップには資金が提供されません。

加えて、セカンダリー取引はスタートアップのイグジットを阻害する恐れがあります。セカンダリー取引により次々と株主が拡散すれば、速やかな合意形成が難しくなるからです。スタートアップ経営陣からしても、自分たちがコントロールできない新しい株主が増えることは避けたいはずです。

そもそも、未上場株式の経営者を含む出資者は、長期スパンで投資をする見返りに、大きな利益を享受します。いったん資金を投下したらイグジットまで引き上げられない形を取ることで、会社の成長と投資家側のインセンティブを一致させるという大前提があります。

既存株主は、「良い投資先」と判断しているのであれば、IPOやM＆Aの前にセカンダリーで手放すことは原則ありません。インサイダー情報を得られる既存株主は、「良い」か「悪い」か、最も的確に判断できるのです。もし経営がうまくいっているにもかかわらず、特別な事情があって株を売りたい既存株主がいれば、通常はほかの株主や、または経営陣がその株式を買い取ります。

セカンダリー取引で新規の投資家に株式を売却するケースがあるとすれば、以下のような可能性が考えられます。

- **事業が行き詰まり、スタートアップ経営陣の発言権がない**
- **他の株主が、その株にあまり価値を感じていない**

つまり、イグジットの蓋然性が少ない株を、事情の知らない誰かに押し付けることになりかねないのです。セカンダリー取引への参加を緩和し、知識のない投資家がなだれ込んでくれば、無責任なVCが安易に株式を売り歩くかもしれません。VCはイグジットに責任を持ち、スタートアップをサポートするプロ集団です。セカンダリー取引の活性化は、VCのモラルハザードを招きかねません。

事業に深い理解のあるプロの株主で固め、時にサポートを受けつつ成長できるのが未上場企業の特権です。株主が増えると利害調整が難しくなり、イグジットも極めて困難になるでしょう。従って、セカンダリー取引には最低限、経営陣の承認を必須とすべきです。

近年、スタートアップの上場までの期間が長期化しています。セカンダリー取引により、経営陣や初期株主にイグジットの経路を設けるべきだとする議論も一部にはあります。しかし、以上述べたようにデメリットも多く、慎重に考えるべきだと筆者は考えます。セカンダリー取引は原則、既存株主間に限定したほうがよいでしょう。あるいは、米国で一般的に設定されている優先株式買取権を株式発行段階で設定し、既存株主が優先的に株式を買い取れるようにすることを推奨、義務化するほうがよいと思います。うまくいっていない会社の株式を処分する手段をどこかに設けるべきとの議論はあってもよいですが、スタートアップへの貢献という視点では優先度は低いと考えています。

20%ルール

実は、一般的なVCには、未上場株のプライマリー投資（VCとしての通常の投資）以外の投資額をファンド全体の20%以内に抑える規制が設けられています。つまり、そもそもセカンダリー投資をする余地は非常に少ないのです。[43]

20%ルールは「**VCエグゼンプション**」という制度に付随する規制です。これは、VCが総合金融機関を想定した規制に対応する体力を持ち合わせていないため、投資業務を行うためのさまざまな義務、たとえば規制当局への広範なレポート提出や、コンプライアンス体制構築義務などを免除される制度です。それと引き換えに、VCにはさまざまな制約がかかる仕組みになっており、VC業務に特化しなければならず、20%ルールもその１つです。

先に紹介したコインベースのシリーズEの資金調達におけるアンドリーセン・ホロウィッツのセカンダリー取引のように、イグジットが確信できる優良企業でも、時価総額が拡大して資金調達額が巨額になったタイミングでVCが降り、クロスオーバー投資家に株式を売却するケースがあります。アンドリーセン・ホロウィッツのような大きなVCは、VCエグゼンプションを返上し、通常の金融機関と同じようにインベストメント・アドバイザーの登録をして自由にセカンダリー取引をできるようにしているのです。

43　中には20%ルールを順守していないことが疑われるVCもある。LPとしてVCに投資する際には、投資株式の種類と金額について確認することは重要。

Column

カウフマン・フェローズ・プログラムのレクチャーと授業料

カウフマン・フェローズ・プログラム（KFP）では、四半期に一度、フェロー（現役メンバー）が集まって1週間の集合研修をします。ここではトップクラスの投資家から、実践的なVC業務のイロハを学びます。

たとえば、リミテッド・パートナー（LP）とどう付き合うか、投資先のボードメンバーになったら何をすべきか、ミーティングではどんな点に気を付けて発言するか、どうやって顧問弁護士を選ぶか、ファンドを運用するうえで税金をどうハンドリングするか——。

まさに明日からでも生かせるような内容です。こうした知識は本にも書いていないし、ビジネススクールでも教えてくれません。正解があるわけではないため、フェローの側から反論が出るなど、活発なレクチャーになります。

講師として登壇するベンチャー・キャピタリストにとっては、自分のノウハウを開陳することになります。このため、講師が話しづらくならないようにKFPで聞いた内容は外部で悪用しないというルールがあります。

学生は「フォーラム」という小集団に分かれ、月に1回は集まってディスカッションします。2年間を通して同じフォーラムに所属するため、大学のゼミのようなイメージです。こうした経験を通じ、VCで長年仕事をすることで徐々に築くネットワークを2年間で人工的に作り上げます。私の場合2009年に卒業して10年以上経ちますが、ネットワークは今でも機能しています。

KFPの中で埋もれてしまわないよう自分自身をブランディングすることが、修了後の仕事のパフォーマンスにつながります。「○○のことなら、あいつに相談しよう」とメンバーに認知してもらえれば、情報が自然と集まってきます。KFP内では、こうしたセルフブランディングで熾烈な競争が繰り広げられています。得意分野を持ち、それを自己主張することが重要です。

参考までに、授業料は２年間で800万円程度。本人が払うわけではなく、所属するVCがスポンサーとなります。

Chapter 4

第4章

ベンチャー・キャピタル 7つの機能

集めた資金以上に投資家に分配をしない限り、
まだまだ自分のことを
新人ベンチャー・キャピタリストだと思いなさい。

ファーストラウンド・キャピタル パートナー
ジョルジュ・コペルマン[44]

44 本人談、フィル・ウィックハムに対して

1 タームシートは「ほとんど重視しない」

私が受講した際のカウフマン・フェローズ・プログラム第１回のレクチャーの講師は、スカイプ（Skype）に投資したことで知られる**オーガスト・キャピタル**のデビッド・ホーニックでした。

彼の授業の前に、シカゴ大学のスティーブ・カプラン教授が、投資する際のタームシートに関する授業をしました。

「**タームシート**」とは、投資契約の要点をまとめたシートのことです。投資金額や各種の投資家保護条項、オプションプールの設定などについて記載されています。スタートアップとVCはタームシートをもとに投資条件を詰めた後、正式な投資契約を結びます。

投資条件のトレンドや、重視されている項目などについてカプランが話したのですが、その直後のレクチャーでホーニックは「オーガストでは、タームシートはほとんど重視していない」と話し始めました。ベンチャー・キャピタリストたるもの、起業家とタームシートを巡って専門的な交渉をするのが仕事だと思っている若手フェローは、一様に驚いてざわつきました。ホーニックは弁護士出身のベンチャー・キャピタリストでありながら、それでも契約条件についてはあまり気にしない、と話したのです。講義資料がたったの２枚だったのをよく覚えています。

VCの投資案件には２つしかない、と彼は続けました。

「どんな条件でもお金をもらいたいベンチャーと、どんな条件でもVCがお金を入れたいベンチャーがある。オーガスト・キャピタルは、後者にしか投資したくない」

投資条件を交渉できる時点でダメな案件、というのが彼の主張でした。

私がカウフマン・フェローズで学んでいたころは、タームシートにはさまざまな投資家の保護条項が盛り込まれていました。案件がうまくいかなかったときに、残余財産を優先的に回収する権利などです。ただし、近年の米国のタームシートでは、こうした条項はほぼ消えています。タームシートは1980年代には20ページ前後ありましたが、現在では３～４ページになっています。

VCの役割は、契約を自分たちに有利にすべく起業家と交渉することではなくなっているのです。ではVCにとって大切な仕事は何なのか。この章では、VCの役割を７つに整理し、それぞれについて最新の動向を見ていきます。

2 7つの機能と好循環

VCに求められる機能は大きく分けて７つあります（**図表4-1**）。イメージしやすくするため、製造業に対応する機能をカッコ内に示しています。「仕入れに行く→適切な原価で適切な原材料を仕入れる→製造する→品質を管理する→販売する」というサイクルを回し、上場企業であればビジネスの結果を投資家に対して説明する投資家対応（IR）があります。さらに、税

図表4-1　ベンチャー・キャピタル7つの機能

(1) 投資先にアクセスする	(仕入れ)
(2) 投資先をバリュエーションする	(仕入れ)
(3) 投資条件を詰め、投資を判断する	(仕入れ)
(4) 投資後に価値向上に寄与する付加価値を提供する	(製造)
(5) 投資先をモニターする	(品質管理)
(6) 投資先への追加投資、イグジット戦略を策定・実行する	(販売)
(7) ファンドを運用し、投資家にレポートを作る	(IR)

務上の書類作成や納税も重要な機能です。

こうして見ると、VCに求められる機能はビジネスをしていくうえで基本的な機能であることが分かります。この機能を充足する経験者がいなければ、VCとしても立ちゆかないということです。少なく見積もっても、VC経営には20人ほどの頭数が必要となります。

日本におけるVCやCVCでは、このような当たり前のリソースが足りていない現状があります。通常の会社であれば、仕入れ責任者には仕入れ経験者が、製造責任者には製造経験者が当てられ、若手が何人かついて業務を回します。しかし、なぜかVC/CVCについては、まったくの門外漢ばかりが集まっているケースが珍しくありません。バスケットボールチームを作るときに、近所から背の高い未経験者を集めてきて試合に臨むのと似たような現状があり、VCが育たない要因にもなっています。

今のままでは世界のトップVCからは相手にされないし、優良な投資マネーが流入することもないでしょう。業界全体が育たなければ、優秀な人材も

図表4-2　VCの好循環

① 起業家と投資家がVCを信頼し意思を通わせ、適切なバリュエーション、資金調達計画を立てる

② 有力なVCが中核投資家として継続的に追加投資をし、ラウンドごとに少数の異なる付加価値を提供するVCが加わっていく

③ 起業家がVCの協力を得ながら、経験の豊富なマネジメントチームを集める

④ 同じ業界・分野で良いベンチャーと協業実績がある「賢いユーザー」や「賢いパートナー」を得る

⑤ 価格競争に巻き込まれず、ユニット・エコノミクスを保ちながら高成長を続ける

⑥ IPO市場で評価される条件で上場し、公開マーケットからも評価され成長を続ける

入ってこないため、結果としてやはり業界が育たないという悪循環に陥ります。

VCが図表4-1で示した(1)~(7)の機能を十分に満たしていれば、理想的には**図表4-2**のような好循環ができるはずです。

3 投資先へのアクセス方法

ここからは、VCの７つの機能（図表4-1）について、１つ１つ見ていきます。

まず、いかに(1)「投資先にアクセスする」のか。日本では2000年代初頭に『マネーの虎』というテレビ番組がブームになりました。５人ほどの会社経営者の前で、起業志願者がビジネスアイデアをプレゼンテーションし、開業に必要なお金を獲得するという番組です。経営者がプレゼンテーションに魅力を感じて、志願者の希望する開業資金を出すと言ったら成立です。

起業家が投資家の前でプレゼンテーションをする、いわゆる**ピッチ**は、米国でも日本でも盛んに開催されています。米国では特に活発に開催され、日本の投資家や政治家が参加して、その熱気に「感銘を受ける」ことが珍しくありません。バークレイズ、フェデックス、ニューヨーク市が主催する３つのピッチは日本でも有名です。

しかし、そこから成功した企業を私はほとんど知りません。すべてを見ているわけではありませんが、ほぼ３年以内に消えてなくなっている印象です。ピッチに出ること自体を否定はしませんが、それが成功のきっかけになるわけではない、と思ったほうがいいでしょう。

「ペイパル・マフィア」という言葉に何度か言及しました。イーロン・マスクやピーター・ティールら、次々と起業して成功するペイパル創業メンバーの起業家集団です。彼らの下で部長クラスや課長クラスをやっていた人材も起業し始め、さらにその下で働いた人材も起業しています。ユーチューブ（YouTube）の創業者、チャド・ハーリーとスティーブ・チェンはペイパルの元社員です。有能な起業家は突然現れるわけではなく、ある一定のクラスターに存在して、多くの場合、早くから頭角を現しています。突出した成果をあげた課長や部長級は、VCに目をつけられているのです。

SaaS分野への投資で著名なVCがエマージェンス・キャピタルです。Sozoベンチャーズは彼らとともに、セールスフォース・ドットコムと似たサービスをモバイルベースで中小企業向けに作っているB to Bのスタートアップに投資しました。ある日、経営陣がミーティングで、マイクロソフトやグーグルのシステムと連携ができず困っていると吐露しました。

すると、エマージェンスの担当者がその場で電話をかけ始め、筆者の隣で「面接するから」などと会話しています。電話の先は、マイクロソフトの幹部。その人物は、昔セールスフォースでまさにシステム連携の仕事をしていた人でした。社内SNSを展開するヤマー（Yammer）に移り、マイクロソフトによるヤマー買収に伴いマイクロソフトに所属していました。

電話を切った後、エマージェンスの担当者は「彼は、セールスフォースですごくデキる課長だったから採用しよう」と話し始めました。そして見事、次の会議ではボードメンバーとして座っていたのです。私は唖然として、なんでこんなことができるのかとエマージェンスの担当者に聞きました。

「エマージェンスは、SaaSのトップカンパニーに25年間投資している。優秀な課長級人材をずっとサポートして、キャリアパスを紹介してきているから、各々の機能ごとに20人ぐらいイケてるメンツのリストを持っているんだ」

次に、マイクロソフトの元幹部にも「こんな小さな会社になぜ転職したの？」と聞いてみました。

「自分は課長ぐらいの時からずっとエマージェンスに紹介されてキャリアを積んできたから、転勤辞令が出たような感じですね。“エマージェンス・グループ”に就職したみたいなものです」

良いVCは良い案件を最初から「知っている」

このように、SaaS関連の起業家としてはエマージェンスに投資してもらえば優秀な人材を採用できることが分かっているから、エマージェンスに投資してほしいと思います。言うまでもなく、これはVCの７つの機能のうちの(4)「投資後に価値向上に寄与する付加価値を提供する」とも関わってきます。また、早くから「優秀な課長」とつながっておくと、彼らが起業するときにはエマージェンスとコンタクトを取ります。エマージェンスは、良い案件を探すのではなく、良い案件を最初から「知っている」のです。もっと言うと、案件を「作っている」とすらいえるかもしれません。

Sozo ベンチャーズは、フィンテック分野ではスクウェアやコインベースに、ソフトウエア分野ではパランティアやズーム、ロジスティクス分野でフレックスポートやプロジェクト44といったアイコニックな案件に投資してきました。そういった企業と関係を作れたことは、優良な投資案件へのアクセス、業界ネットワークの構築、ブランディングに多大に貢献しています。

案件にアクセスする方法は、このように早い段階からスタートアップ人材に関わるパターンのほか、信頼できるVCや起業家から信頼できる案件を紹介してもらうというパターンもあります。この場合、やはり紹介を受ける側

図表4-3 投資先への２つのアプローチ

投資先企業からの紹介

ほかのVCや投資家からの紹介

※持ち込み案件の投資決定は1%以下
※ピッチの案件はほぼ投資することはない

のVCが特殊な付加価値を提供する存在でなければなりません。付加価値の提供については、後ほど詳述したいと思います。

Sozoベンチャーズの最初の投資案件、パランティア・テクノロジーズを紹介してくれたのはツイッターの当時のCFO（最高財務責任者）でした。ツイッターの日本進出を手助けしていた縁で「パランティアも日本展開で相談したいみたいだから、紹介してあげるよ」と言われ、つながることができました。

4 条件を詰め、投資を判断する

７つの機能の⑵「投資先をバリュエーションする」については第３章で詳述したので、ここでは取り上げません。適切な方法で適切な評価をすることは、VCの最も基本的な機能であり、共通言語です。これができないとVCのコミュニティに入ることはできません。アーリーステージのスタートアップであっても、むしろそうであればなおさら、きちんと事業をモデリングし、合理的なバリュエーションをします。投資価値のない案件を押し付けられる「賢くない投資家」に位置づけられないために、基本的な技術を身に付けることが大切です。

次に⑶「投資条件を詰め、投資を判断する」について解説します。

米国では一般的に、投資条件はリード投資家という中心的役割を担うVCが起業家と交渉して決定します。他の投資家は、通常はここで決まった条件に従います。投資条件は投資家間でほとんど格差がありません。

シリーズAで投資した投資家が、シリーズBにおいてもフォローオン投資をする際、初めて入ってくる投資家よりも少し有利な条件が付くなど、細かな格差が生じることはありますが、大枠では投資家間の条件が変わることはありません。また契約書は長くても４ページと、案外短くシンプルです。

投資家の保護条項は必要?

本章の冒頭で、オーガスト・キャピタルのデビッド・ホーニックの言葉に触れました。「タームシートはほとんど重視していない」というものです。

タームシートとは、契約の主要な条件をまとめた一覧です。詳細な契約書のドラフトを作る前に、スタートアップとVCはタームシートをもとにして投資条件を詰めます。

オーガストがタームシートを重視しない理由は、ここまでくると理解できると思います。相手は、課長時代から知っている有能な人材です。取り巻きのマネジメントチームは、役割に足る業界経験を持っている、または、そうした人材を調達できる蓋然性がある。ユニット・エコノミクスで示された競争力は非常に高い。ユニット・エコノミクスは多くの場合、適切なモデルで算定すると「良い」と「悪い」に二極化して、判断に迷うことがありません。「どんな契約条件でも投資したい案件」かそうでないかは、おのずと判明するのです。

カウフマン・フェローズのレクチャーでホーニックは、オーガスト・キャピタルは投資家を保護する条項をタームシートに入れていないと話しました。投資家を保護する条項とは、たとえば投資先企業が事業に失敗して清算する際、優先的に残余財産から分配を受ける**優先残余財産分配権**（Liquidation Preference）などの条項です。各種の投資家の保護条項はビジネススクールで読む教科書でも大切な条項として記載されていますし、日本のVCが作るタームシートにはいまだに入っています。

近年のスタートアップのほとんどはソフトウエア関係であり、不動産や生産設備などの現物資産を持っていません。ビジネスがうまくいかなければ、残っているのは机と椅子とパソコンくらい。いくら回収する権利をタームシートに入れても「ない袖は振れない」のです。これについては、シカゴ大学のスティーブ・カプラン教授も、統計的に見て回収できたケースはほとんどないと、カウフマンのレクチャーで話していました。

アライメント条項

優先残余財産分配権については、完全に中身を変えてタームシートに残っています。投資家の予期しない安値でM&Aの提案を受け、経営陣がそれを受け入れるような想定外のイグジットが発生したときに、投資金額を優先的にM&A対価から支払ってもらう権利です。予期しないイグジットをもって会社が清算されたとみなし（**みなし清算**）、残余財産の優先受領権を発動するものです。

このような優先残余財産分配権を「**アライメント条項**」と呼ぶことがあります。アライメントには「一直線」や「整列」という意味があります。多くの場合、この分配権の倍率はすべての投資家が横並びに投資額の１倍に設定します。つまり、想定より小粒のイグジットになってしまった際に、投資家は平等に投資額のみ返してもらいます。

結果として、安易に小粒のイグジットをしないインセンティブを投資家に与えます。たとえば、投資額の1.2倍のリターンにしかならないM&Aの提案があったとき、これを受け入れると投資家には投資額しか返ってこないため、投資家の間で「10倍のリターンになるまでイグジットせずに会社の成長を応援しよう」といった合意がスムーズに形成されます。

ただし、実際には投資した時期によって投資家のリターンの倍率は変わります。初期に投資した投資家にとって投資額の３倍のリターンを生むイグジットであっても、バリュエーションが上がってから入った新参投資家にとっては1.2倍のリターンのイグジットになる、といったことはありえます。このため、後から入ってきた投資家が、投資後すぐにイグジットが発生してしまう事態、つまり初期の投資家にとってはリターンが大きいけれども、後から入った投資家にとってはリターンが小さいようなイグジットを避けるため、分配権の倍率を１倍より高く要求する場合もあります。イグジットに対するインセンティブを分配権の倍率で調整しているわけです。いずれにせよ、安易なイグジットをしない方向に投資家を動機づける条項になっています。

分配権の倍率を1倍で横並びにすると同時に、米国のVCは「非参加型」と呼ぶタイプの権利を設定しています。「1倍・非参加型」と言います。非参加型とは、財産（M&Aの対価）の優先分配をした後で、なお、お金が残っていた際に、その残余財産の分配は受けないというタイプです。優先権を持たない普通株の株主、つまり創業者らに残りの財産が分配されることになります。

逆に「参加型」は、優先分配後に残った財産の分配にも参加できるタイプです。いわば二重取りで、列の最初に並んでお金を受け取った後、もう一度列に並んでお金を受け取ります。米国のVCが参加型を出資の条件とすることはまずありません。「1倍・非参加型」が米国VCのスタンダードです。

一方、日本では「1倍以上・参加型」がスタンダードとなっています。[45] また、優先分配権の倍率を投資額の1倍ではなく、2倍や3倍に設定するケースも散見されます。共通のタームシートではなく、スタートアップと特定の投資家とが個別に交わすサイドレターに独自の倍率を設定する場合もあるようです。投資家の取り分が大きいため、小粒であっても早期イグジットのインセンティブを投資家に与えます。

複数のVCが一丸となって粘り強くスタートアップを支援し、ビッグカンパニーにするというインセンティブが日本にはありません。早々と資金を回収し、少し儲かればいいといったリスク回避的な投資家の都合が優先されかねない習慣です。また、起業家から根こそぎお金を取っていくような設計ではアントレプレナーシップはしぼみ、有能な起業家は海外に資金調達先を求める結果となるでしょう。

45　小川周哉、竹内信紀編著『スタートアップ投資ガイドブック』（日経BP、2019年7月）は、「1倍・参加型」がスタンダードとしている。筆者の肌感覚としては、1倍を超えるケースも珍しくない。

シリーズとラウンド

以上に見てきたように、VCはスタートアップに投資する際にいくつかの条件をタームシートに書き入れます。つまりVCの持つ株式は、創業者や従業員が持つ普通株式に比べていくつかの優先事項が付与された優先株式です。一般的に、ラウンドによってこの条件は大枠では変わらないものの、微妙に変化します。1回目のラウンド、2回目のラウンドに使われるタームシートの内容は少しずつ異なります（少なくとも株価は変わります）。

このため、VCから初めて資金調達するラウンドで発行した優先株を「シリーズA」、2回目のラウンドで発行した優先株を「シリーズB」と呼び、以降、条件が変わるごとに「シリーズC」「シリーズD」となり、この呼び名がそのままラウンドの呼び名となっています。VCからの初回の資金調達はシリーズAと呼び、2回目はシリーズBと呼びます。VCが入る前、家族や友人、個人のエンジェル投資家が出資に応じるラウンドを「**シードラウンド**」と呼びます。

なお、条件の変わらないラウンド、たとえばシリーズCと同じ条件で時期だけずらして行われるラウンドは、そのまま「シリーズC」や「シリーズC+」「シリーズC'」といいます。

VCはIPOの前に優先株式を普通株式に転換します。グーグルやフェイスブックのように、議決権の重みを分けた複数の種類の株式を発行することもありますが、通常は普通株式に転換してスムーズに株式を公開します。あらかじめタームシートに、IPOやM&Aをトリガーとして自動的に普通株式に転換する条項を入れます。

普通株への転換

ただし、普通株式への転換に関しても、タームシートでIPOの規模に下限を設けることがあります。少額なイグジットを避ける目的のほか、公開市場でVCが保有株を売却する際の流動性を確保する目的があります。たとえば、普通株式への転換トリガーとして、IPO時の資金調達額に5000万ドルなどの下限を設けます。調達額は時価総額にある程度規定されるため、実質的にイグジット規模に下限を設けていることになります。

投資候補の絞り込み

投資先へのアクセスからクロージングまでの絞り込みは**図表4-4**のようなイメージです。VCは、投資候補企業をしかるべき選考プロセスでふるい落とさなければ、成功確率が極めて低くなります。

ある大規模サーベイ[46]によれば、米国のベンチャー・キャピタルは一連の投資先選考フローに平均83日間かけます。アクセスした企業のうち、タームシートを作成してオファーを出すに至るのは２％以下、実際に投資するのは１％以下です。

タームシートは、リード投資家が作成します。その後スタートアップやリード投資家が投資してほしいと思う別の投資家に声をかけ、声をかけられた投資家はリード投資家が作成したタームシートに納得すればラウンドに参加します。

タームシートに全員がサインしたら、スタートアップは情報を開示し、

図表4-4　83日間の投資選考フロー

25%以下	パートナーが起業家とミーティング
10%以下	パートナーによるレビュー
5%以下	VC内部でのレビュー
2%以下	タームシートを作成しオファー
1%以下	クロージング

46　Paul Gompers (2017) "How Do Venture Capitalists Make Decisions?"

VCは**デューデリジェンス**（D/D：企業の経営や財務の調査）に着手します。通常は４～５人の担当者が４～８週間をかけます。D/Dはリーガル面、ファイナンシャル面、ビジネスモデル面の３方向から行います。

法務面では、投資に付随する権限や取締役会での権限など投資契約の内容に関するもの、投資先スタートアップが顧客と交わしている契約や保有する知的財産、社内のコンプライアンス体制、抱えている裁判などをレビューします。この過程でリスクが浮上すれば、投資契約書に落とし込みます。

ファイナンシャルD/Dでは事業計画や財務状況、成長モデルの検証をします。ビジネスモデルD/Dでは類似ビジネスモデルを持つ企業を洗い出し、比較しつつ問題点を検証します。

この間、VCは自身のポートフォリオの資金余力の検証など、ファンド運営上の調整もしなければなりません。投資先の事業計画と資金需要を検証し、フォローオン投資のための予算を確保します。また、エンドユーザーへのヒアリングや既存投資家への取材、マネジメントチームのメンバーの前職への取材などリファレンスチェックも行います。

非常に手間をかけて投資先を絞り込み、またリスクを限定していくため、VCの運営には20人程度の人員は必要で、一般的には１年間に５～10件投資するのがやっとです。

5 付加価値の提供

繰り返しになりますが、ベンチャー投資は「セリングゲーム」です。株を売る側、つまりベンチャー企業側に選んでもらう必要があります。逆に、VCが選ぶ側であるような投資案件は、投資する価値がない可能性が高いと言えます。これは、カウフマン・フェローズ・プログラムにレクチャーに訪れる名だたるベンチャー・キャピタリストが口にすることであり、投資すべき企業は、誰もが投資したいと思う企業です。「賢い投資家」たちが投資したいと思う企業は、ばらけることがありません。常に、特定の企業が投資家の人気を独占するのです。

企業側に選んでもらうため、または次の資金調達時に既存の投資家から声をかけてもらうため、VCはどんな付加価値を提供できるのか、明確にブランディングする必要があります。トップVCであれば、その資金が入っていること自体が良い企業の証であるといった付加価値を提供できます。たとえば、上場時に大株主のリストにセコイアの名が入っていれば、投資家の注目を集めやすいでしょう。また、エマージェンスの資本が入れば、SaaS業界の有能な人材獲得のサポートを受けることができます。Sozoベンチャーズの場合は、投資先企業の国際展開、特に最初の一歩として日本への展開を強力にサポートすることを付加価値としています。

2012年以降、IPOの前段階での国際展開の必要性が強くスタートアップに認識されるようになりました。広範な情報開示が必要で、また利益創出圧力にさらされる上場企業になる前にコストをかけてグローバル展開を果たし、圧倒的に成長したフェイスブック（2012年IPO）がモデルケースになった面があります。以降、Sozoベンチャーズがいかに付加価値を提供してきたのか、ファストリー、パランティア、コインベースを例に取って述べたいと思います。

ケーススタディ① ファストリー——日本経済新聞への売り込み

ファストリーは、主にインターネット企業向けにコンテンツ・デリバリー・ネットワーク（CDN）を提供するSaaS企業です。2019年5月にニューヨーク証券取引所にIPOをし、時価総額は50億ドルを超えます。2021年の売上高は3.5億ドル（前年比22％増）、顧客数は2804、世界各国で事業を展開します。大手企業顧客に限った1社当たり売上高は年間70万ドルに達します（顧客数以降の数字は2021年末時点）。

CDNは、ユーザーがインターネットを“サクサク”閲覧できるようにするサービスで、コンテンツのデジタル情報をユーザーの近くのサーバにキャッシュとして保管します。遠くのサーバにいちいち見に行く必要がないため、クリックした瞬間にコンテンツが画面に表示されます。

動画などネット上のコンテンツがリッチになっているほか、クラウド型のソフトウエアが増えているため、通信時間を短くするCDNはウェブサイトの競争力を確保するうえで欠かせなくなっています。2021年６月にはファストリーのシステムで大規模障害が発生し、アマゾンや動画配信のHulu、世界各国の政府機関のサイトが閲覧不能となりました。このとき改めてインターネット社会を支える黒子、CDNの存在がクローズアップされました。CDNの世界トップ企業はアカマイ（Akamai）ですが、ファストリーのサービスだと、よりレスポンスが速くなるのが強みです。

フラッグシップ・ユーザー候補を狙う

筆者らがファストリーの日本進出をサポートし始めたのは、IPOの５年ほど前にあたる2014年ごろのこと。まずは、日本で代表格となる顧客（フラッグシップ・ユーザー）を獲得しようと考えました。次の顧客に売り込む際に、モデルケースとして説明しやすいからです。ブランドイメージの確立にもなります。今でこそ「一般的な会社のウェブがアカマイで、業界トップクラスのウェブはファストリーを導入している」というブランド認知が日本の技術者の間で浸透していますが、こうした認知をいち早く作ることが、先端ハイテクサービスを根付かせるうえで重要になります。特にファストリーはセキュリティ機能が充実しているなど、アカマイよりも高額だったのでブランド構築が大切でした。

「アカマイの日本のフラッグシップ・ユーザーを、上から順に取っていこう」。分かりやすい営業戦略です。そこで浮上したのが日本経済新聞でした。新聞社をフラッグシップの顧客にするという発想は、新聞社個社ごとのマーケットサイズが小さい米国では必ずしも一般的ではないかもしれません。米国のマーケットであれば、フラッグシップ・ユーザーはゲーム会社などになるでしょう。しかし、日経電子版はニュースサイトとして日本で圧倒的な影響力、知名度、トラフィックがありました。米国とは異なる日本の事情を考えつつ顧客を選ぶのは、日本人としてのセンスが生かせる付加価値です。

うれしい誤算だったのは、日経電子版にファストリー導入についての記事が出たことです。電子版の表示が早くなったという内容で、絶大な広告効果がありました。

4年にわたるサポート

こうした営業活動に加え、ファストリーの日本における代理店候補の発掘や東京拠点の採用の支援など、できることは何でもしました。もちろん、ファストリーの東京拠点のチームが素晴らしい仕事をしたことが、日本におけるファストリー成功の一義的な要因であることはいうまでもありません。

Sozoベンチャーズがファストリーに出資したのは、日本での４年にわたるサポートがあらかた完了した2018年。その翌年2019年５月にファストリーはIPOを果たしました。今では読売新聞やメルカリ、サイバーエージェントのAbemaTVなどが、ファストリーの日本の顧客となっています。

ケーススタディ② パランティア——データが見つけたローソンのヘビーユーザー

コンビニのローソンに「ブランパン」というオリジナル商品があります。穀物の外皮であるブランを生地に練り込んだパンですが、このパンはある意味でSozoベンチャーズの原点になりました。ブランパンの話に入る前に、Sozoベンチャーズの投資先だったパランティアとの出会いについても少しご紹介しておきます。

2011年ごろ、パランティアは秘かに日本で話題を集めていました。「秘かに話題を集める」とは語義矛盾ですが、一般的にはあまり知られていないけれど、知っている人は非常に注目していたということです。ピーター・ティールらが創業したビッグデータ分析ソフトウエア企業で、米中央情報局（CIA）や連邦捜査局（FBI）などの政府機関を顧客に持ちます。

ツイッターCFOから紹介

内部告発サイトのウィキリークスの隠されたサーバを通信記録などのビッグデータから見つけ出し、シャットダウンにつなげました。9.11米同時多発テロの首謀者ウサマ・ビン・ラディンの拘束作戦にも同社のソフトウエアが使われたと報道され、徐々に一部の感度の高い層において知名度を高めていました。ダボス会議などの機会を使い、パランティア自身も民間企業に少しずつ情報を発信し、日本での知名度も高まっていたのです。

「ぜひ、日本政府とパランティアの仲介役になりたい」

「パランティアの日本進出を手伝わせてほしい」

パランティアのもとには、日本の商社やメガバンクから接触が相次いでいることを、懇意にしていたツイッターのCFOから聞きました。

「パランティアの日本進出の相談に乗ってもらえないか？」

パランティアは、米国の政府機関を顧客としてがっちり抱えていましたが、民間企業の顧客を増やしたいと思っていました。その一環として、日本のマーケットに魅力を感じていたのです。

「どの商社やシステムインテグレーターと話せばいい？」

パランティアは、率直にそう尋ねてきました。

筆者が主張したのが「まずは商社やシステムインテグレーターを通さず、ユーザーに直接会ったほうがいい」ということ。顧客に直接会わなければ、どんなニーズがあるのか把握できないからです。「顧客は紹介するし、日本人である私も営業に同行します」と提案しました。

代理店のような仲介者を挟むと便利な面もありますが、デメリットも大きいと考えています。フェイスブックはある大手広告代理店と独占契約を結びましたが、フェイスブックの日本での広告売上高が必ずしも最大化したわけではありません。広告代理店は、広告の出稿先メディアごとにセクションが縦割りになっていて、全体としてフェイスブックの売上高を拡大するインセンティブがなかったからと考えられます。

新浪CEOがミーティングを延長

東京のJR山手線・大崎駅を出てすぐにあるビル内に、ローソンは本社を置いています。テーブルを挟んで座っているのは新浪剛史・最高経営責任者(CEO、当時)。専務執行役員の加茂正治も同席しています。パランティアのグローバル営業責任者ケビン・カワサキと筆者は、ソフトウエアのデモをいくつもプレゼンしました。ケビン・カワサキはピーター・ティールの右腕としてファウンダーズ・ファンドで活躍し、パランティアに移った人物です。

ミーティングに与えられたのは30分。あっという間に時間が経ちました。

「午後の会議はキャンセルしよう。話を続けてほしい」

新浪は、突然そう言いました。それほど、ミーティングは熱気を帯びていたのです。

ローソンのやりたいことは明確でした。ポイントサービス「ポンタ」のデータを使って、店舗の売上高が最大化する商品仕入れをしたい、というものです。ローソンは当時、大手コンサルティング会社に依頼して、半年に1回、部分的なデータを使ってそうした分析をしていました。しかし、できることなら、すべてのポンタデータを使ってリアルタイムに分析したいと考えていました。

ローソンは国内の大手システム会社に相談してみると、まずは2年半かけてデータベースを統合してみなければできるかどうか分からない、という答えが返ってきたそうです。2年半もすれば、経営内部の事情も変わるし、経営環境も変わってしまいます。

パランティア側は、「データベースへのアクセス情報をくれたら、２週間後に全部のデータを統合し、分析のデモを見せます」と提案しました。２年半と言われていたものが、２週間でできるというのです。

パランティアのビッグデータ分析をローソンが発注したのは、このミーティングから数カ月後でした。驚いたことに、ローソンがパランティアに価格を聞くことは、発注するそのときまで一度もありませんでした。パランティアと同レベルの分析ができる会社はほかにはなく、一択だったからです。ローソンは、パランティアにとって初めてのリテール分野の顧客となりました。

パランティアはその後、日本法人を立てずにエンジニアチームを米国から品川区内のローソン本社に送り込み、多岐にわたる分析プロジェクトを実行しました。余談になりますが、日本語が話せるエンジニアをチームに入れているあたりに、パランティアの人材の層の厚さを感じました。

「投資枠をあげよう」

ローソンのプロジェクトでキーとなった商品の１つが、ブランパンです。

ブランパン自体はヒット商品とはいえ突出して売れていたわけではないのですが、分析してみると、このパンを買う顧客はARPU（１人当たり売上高）が高く、売上のドライブ役になっていたのです。それは、コンビニの中心顧客層とは異なる中年女性層でした。ブランパンがなければ、その優良ユーザーはほかのコンビニに行ってしまう。だから、全店舗においてブランパンを絶対に欠品させない仕入れが必要だったのです。

知ってしまえば分かりやすい結論ですが、ローソンは全国に１万4000店を展開し、１店に3000品目が置かれ、24時間365日、老若男女が訪れます。たくさんの変数が存在し、そのデータ量は膨大です。無限にあるデータの組み合わせの中に埋もれた、有意な傾向を見つけるのは想像以上に困難です。パランティアはそれをやってのけました。

ローソンのプロジェクトがうまく回り始め、筆者はパランティアの「ディレクター」という肩書を刷った名刺を受け取りました。ローソン以外の会社にも足を運び、いくつか案件を獲得するようになりました（第１章の「CEOの役割」の項で紹介した、せっかく案件を獲得しても、パランティア本社に蹴られるというエピソードはこのときのものです）。

「2012年８月にクローズ予定のラウンドがある。投資枠をあげよう。12月までクローズを待つから、その間にファンドを立ち上げろ」。ケビン・カワサキからこう言われた時は本当に驚きました。

これがSozoベンチャーズの始まりとなりました。

パランティアは当時、投資家から最も注目されていたベンチャー企業の１社であり、著名ファンド、ファウンダーズ・ファンドがほとんど独占する案件でした。並大抵のVCでは入れない案件です。奇跡的とも言える出来事でした。ファンドを立ち上げるうえで「パランティアに投資予定」という言葉は大きなアドバンテージとなりました。

それから８年後の2020年９月30日、パランティアはニューヨーク証券取引所にIPOし、初日は時価総額157億ドルで取引を終えました。ローソンのブランパンは、パランティアの日本展開の支援の象徴のような存在であり、Sozoベンチャーズの原点でもあるのです。

SOMPOと日本法人設立

2019年11月、ピーター・ティールと損保ジャパンを傘下に持つSOMPOホールディングス（SOMPO）の櫻田謙悟グループCEOが日本で記者会見に臨みました。「(SOMPOは）交通事故や災害など大量のリアルデータを保有している。パランティアと組んで、今までにないソリューションを生み出す」。櫻田CEOはそう話し、両社が共同で日本に法人「Palantir Technologies Japan」を設立することを発表しました。

SOMPOは交通事故や災害など損害保険に関連するデータのほか、介護事業における服薬履歴などのデータも持っています。各事業において眠ったデータを統合運用し、高齢化社会の問題を解決するソリューションを導くといいます。

SOMPOホールディングスの楢崎浩一CDOやパランティアのケビン・カワサキ・グローバルビジネス責任者の連名のプレスリリースに掲載されたコメントには、両社を引き合わせた筆者への謝意に言及されていて驚きました。日本の損保会社とパランティアという組み合わせは、後から振り返るとその親和性に納得できますが、当初はイメージしにくい組み合わせでした。提携へ向けた歯車が動き出したのは、この記者会見のおよそ２年前です。

「パランティアとともに、自社の業務の中に隠されていたデータから、すでに大きなビジネス価値を実現しています。これを次のレベルに引き上げ、業界にその価値を提供します」

パリ郊外で開かれた記者会見で、エアバスの最高デジタルトランスフォーメーション責任者であるマーク・フォンテインはそう宣言しました。隣には、パランティアCEOのアレックス・カープが立っています。

2017年６月、世界の二大航空機メーカーの一角、エアバスが「Skywise（スカイワイズ）」を発表しました。世界の空を飛ぶ9500の航空機に内蔵されたセンサーなどからのリアルタイム情報、メンテナンス履歴、空港の整備倉庫に保管しているネジ１本に至る航空機部品——。あらゆるデータを統合したデータプラットフォームで、1500万ギガバイトのデータを扱っています。[47]

いつ、どの部品の交換が必要になりそうか。どの空港で整備をすると最も時間を使わず（整備は機体の稼働率を落とす）、コストも安くなるか。インシデントの発生確率はいつ高まるか。遅延の確率は。機体繰りのオペレーションはどうすれば効率的か。当局への報告案件が発生したときの書類作成も

47　エアバスHP。https://skywise.airbus.com/

サポートしています。機体のトラブルを予想し、１回防ぐだけでも、機体交換に関わるオペレーションの乱れや運休による損害、遅延に対する補償の費用を抑え、大きなコスト削減につながります。

140の航空会社、その他部品サプライヤーなどがこのプラットフォームを利用し、月間ユニークユーザーは２万人以上に達します。日本では全日空がアーリー・アダプターとなり、現在は日本航空やピーチ・アビエーションも使っています。エアバスは機体を売って終わりではなく、顧客と継続的に接点を持ち、売り上げを得るSaaS企業になったわけです。

スマホアプリのようなインターフェース

ユニークなのは、エアバスはこのサービスをiPhoneのアプリのように提供していること（**図表4-5**）。航空会社は機能ごとに分かれたアプリをダウンロードし、自社のシステムとAPI連携をします。非常にユーザーフレンドリーなインターフェースになっています。航空便の遅延や機体トラブルに関する情報は、ホテル予約サイトなどほかの業界も欲しい情報です。航空関

図表4-5　Skywise. Store

エアバスのHPより

連業界以外のユーザーにも「Skywise. Store」からアプリをダウンロードして使えるようにしています。

全日空と同じくアーリー・アダプター・ユーザーとなったのが、アラブ首長国連邦のエミレーツ航空です。パリ郊外での記者会見に動画で出席したアーメド・サファ副社長は「21世紀は、データが石油より重要な役割を持つ」と話しました。アラブ首長国連邦は石油を基幹産業とするだけに、興味深い発言です。Skywiseはもともと航空機「A350」の生産を加速させるためエアバスとパランティアが実験的に始めたプロジェクトですが、実際に生産を33％も増やすことができました。「この技術が業界を変革する魅力的な機会」[48]であることに気づいたのです。

筆者は、このプロジェクトを日本企業に紹介しました。まさに、パランティアの世界的フラッグシップ事業だと感じたからです。それに興味を示したのがSOMPOでした。膨大なデータを持っているけれども、活用しきれていない。そんなフラストレーションがSOMPOにありました。パランティアとの引き合わせや各種コーディネートをし、2019年、日本でのジョイントベンチャー（JV）設立に至りました。サービスのコンセプトはSkywiseとほぼ同じです。

ケーススタディ③ コインベース・グローバル――三菱UFJ銀行との資本提携

2014年、仮想通貨交換所のマウントゴックス（Mt. Gox）がビットコインの巨額流出事故[49]を起こし、同年中に経営破綻しました。それと時を同じくして、筆者らSozoベンチャーズは、仮想通貨取引所の最大手コインベー

48　エアバスHP。https://skywise.airbus.com/en/about-skywise.html

49　2014年、当時の時価で500億円近いビットコインがマウントゴックスから流出。これをきっかけにビットコイン価格が急落した。マウントゴックスがシステムの不具合を認識しながら対策を取っていなかったことなどが報道されている（日本経済新聞2014年3月27日「システム不具合3年放置　破綻取引所、ビットコイン消失主因か」）。同年2月にマウントゴックスは破綻した。2015年には、取引所のシステムを不正操作し、顧客のコイン残高を水増しした疑いで同社社長が逮捕される事態に発展した。

ス・グローバルを国内のメガバンクに売り込んでいました。日本の大手銀行と提携できないか模索していたのです。

「日本の銀行は絶対に仮想通貨を取り扱いませんよ」。あるメガバンクの首脳に投げかけられた言葉が象徴するように、困難で時間のかかるプロジェクトでした。

当時、「仮想通貨はギャンブルの手段」というイメージが強く、日本の銀行が仮想通貨に接近することは考えにくかったのです。マウントゴックスの事故は運が悪いというほかなく、金融機関の仮想通貨に対するイメージはさらにネガティブなものとなりました。

コインベースをSozoベンチャーズに紹介してくれたのは、フィンテック分野の代表的VCであるユニオンスクウェア・ベンチャーズでした。筆者らに限らずVCは、情報交換のためにVC同士で定期的にミーティングします。そこで話題に上ったのが、ユニオンスクウェアの投資先であるコインベースでした。コインベースは当時から規模だけでなく、コンプライアンス体制を盤石にして、組織がしっかりした国際インフラになることを目指した仮想通貨取引所でした。

当時、仮想通貨の取引量は飛躍的に増大し、金融インフラとして国際送金や支払いにも少しずつ使われ始めていました。仮想通貨は、送金や管理に大規模な管理システムを必要としないため、手数料が劇的に少なく済むことに人々は気づき始めていました。

ユニオンスクウェアは、ポートフォリオの中で最も有望な銘柄がコインベースであることを明言していました。コインベースは仮想通貨の世界的な取引インフラになるため、既存のグローバルな金融機関との提携を望んでいたのですが、どうしても実現しないとのことでした。そこでSozoベンチャーズが日本のメガバンクにコインベースを売り込むことになったのです。

革新的サービスと大企業

革新的なサービスは、規制や商習慣の変更を伴う場合が多く、それを突破するリソースを持つ大企業、できれば業界のトップ企業と協業することが望ましいことがあります。日本は各業界において有力企業が限定的な分、アクセスすべき企業が明確に特定できます。国際展開先として日本が好まれる理由はこのあたりにもあります。

大企業でイノベーションを導入するには多くの場合、トップの決断が必要です。イノベーションはこれまでの常識を覆すため、現場が導入に尻込みしたり、場合によってはコンフリクトを引き起こしたりすることもあります。業界トップ企業のトップに当たることが、結局は近道であることが多いのです。

コインベースの売り込みは苦戦しましたが、突破口となったのが業界トップ行である三菱UFJ銀行でした。傘下に米国のユニオンバンク[50]を持っていたり（USバンコープに売却することで21年9月に合意）、モルガン・スタンレーに出資したりと、米国の金融の実情に理解がありました。当時の平野信行会長が、米国の各州で許認可の取得など規制対応を進めてきた方だったのです。コインベースは、このときすでに40州以上で取引所の許認可を取り、さらに全州で取るべく手続きを進めていました。それがいかに大変な先行投資であるかを平野はよく理解しており、たいへん驚いた様子でした[51]。コインベースが本気で金融インフラを目指していることが伝わったのです。

三菱UFJ首脳陣とは、さまざまなコインベース関係者に会ってもらいました。ブライアン・アームストロングCEO、ニューヨーク証券取引所（NYSE）[52]の幹部、ユニオンスクウェア・ベンチャーズのコインベース担当パートナー

50　三菱UFJフィナンシャル・グループHPによれば、総預金量は米国21位（2016年3月末時点）の商業銀行で、ニューヨークにコーポレート本部、サンフランシスコに本店。米西海岸を中心に米国内外に400拠点を展開する。
51　特にニューヨーク州での認可を持っていたことに驚かれていた。同州で認可を取ることが難しいという金融事情を知悉されていた。
52　NYSEは2015年1月にコインベースに出資しており、この時点で株主になっていた。142ページのコラム参照。

らです。ゲリラ的な接触から正式な会合まで、形式はさまざまでした。

フレッド・ウィルソンのスピーチ

決定打となったのは、2015年のSozoベンチャーズのアニュアル・ミーティングでした。三菱UFJ銀行首脳陣に出席[53]してもらい、アニュアル・ミーティングのゲストスピーカーには、ユニオンスクウェア・ベンチャーズの著名ベンチャー・キャピタリスト、フレッド・ウィルソンを呼びました。Sozoベンチャーズの共同創業者フィル・ウィックハムが彼を説得しました。

ユニオンスクウェアはコインベースの株主であり、ポジショントークと感じられる恐れもありましたが、コインベースを最もよく知っているのは間違いなくフレッド・ウィルソンです。フィンテック分野では、知名度も抜群の大物投資家でした。

「ビットコインはこの先どうなるか分からない。しかし、何らかの仮想通貨が金融インフラのうち、送金の一端を担うことになるのは間違いない。そうなったとき、インフラになるのはコインベース以外ありえない。仮想通貨に事業ポートフォリオとしてのパートナーシップを張るならコインベース一択だ」

フレッド・ウィルソンは、三菱UFJ銀行首脳を前にしてこう語りました。提携へ向けた歯車が一気に回り始めました。

2016年7月8日。「三菱UFJ銀、仮想通貨使い海外送金　米社と開発へ」。日本経済新聞にニュースが流れました。マウントゴックスの事故直後の14年に提携を模索し始めてから2年後のことでした。

53　三菱UFJ銀行はSozoベンチャーズのLP(出資者)。

Column

ニューヨーク証券取引所にも行った聞き取り面談

ニューヨーク証券取引所（NYSE）は2015年１月にコインベースに出資しました。筆者はユニオンスクウェア・ベンチャーズからコインベースを紹介されたとき、調査の一環で既存株主であるNYSEに取材しました。聞きたかったことは「なぜ投資したのか？」という理由です。

「仮想通貨が世の中の支払いを変えるかどうかは分からない。しかしB to B の送金手段に使われるようになるのではないか。それも、高い確率で」。NYSEはそう考えていました。そして、こう続けました。「仮想通貨がB to B送金に使われるようになったとき、送金インフラとして機能するのはコインベースではないか。だから、経営戦略的な意味合いで投資した」。フレッド・ウィルソンと、ほぼ同じ考え方でした。

このインタビューで、筆者自身もコインベースに対する確信を深め、三菱UFJ銀行に対する売り込みの原動力となりました。

コインベースへの投資は、Sozoベンチャーズ創業以来の成功となりました。日本人として初めて米フォーブス誌の「The Midas List」入りにもつながり、筆者にとってもSozoベンチャーズにとっても、先の面談は大きな意味を持つこととなりました。

加えて、この面談が縁となり、三菱UFJ銀行とNYSEを引き合わせることもできました。こまめに面談をして関係を構築することが、VCの無形の資産となることはいうまでもありません。

6 良いボードメンバーとして投資先を適切にモニターする

スタートアップに投資した当初は、月１度のペースで経営陣とミーティングし、折に触れて電話やメールでやり取りをします。日本では、ボードメンバーになるのは投資家としての当然の権利であり、経験やスキルは必要ないと思われる人も多いかもしれません。しかし、米国においては、良いボードメンバーとなるには経験と知識が必要だと考えられています。カウフマン・フェローズでは、かなり時間を割いてボードメンバーとしての振る舞いについて講義やディスカッションが行われます。

現役ベンチャー・キャピタリストが事例を開陳しますが、共通するのは、思い付きで現場目線の細かな「アドバイス」はほとんどしないということです。営業経験のあるVCやCVCの出席者が「昔、営業でこんな経験をしたから参考にしてはどうか」「セールスのプロセスをこうしたらいい」などと話すようなことはありません。VCはスタートアップを「ハンズオンで教え導く」という立場ではないのです。今や、スタートアップの事業は極めて複雑です。思い付きで何かがコロコロ変わることはありません。

図表4-6　良いボードメンバーが取り上げる論点の一例

- ✔ 売上高の成長ペース
- ✔ 解約率はどう推移しているか
- ✔ 現金がどんなペースで燃焼しているか
- ✔ 各種指標は計画値や平均的な業界水準に比べ、どれくらい乖離しているか
- ✔ 乖離している理由は何か
- ✔ マーケティングは期待通りの効果を発揮しているか
- ✔ いつごろ、どれくらい資金調達が必要になるか
- ✔ 人員は計画通り採用できているか
- ✔ キーマンの採用で困っていることはないか
- ✔ 他社との連携など、経営上の重要な課題が滞っていないか

筆者は、著名VCエマージェンス創業者でセールスフォースの中核社員だったゴードン・リターや、NEAの代表パートナーであるスコット・サンデルとともにある投資先のボードメンバーに入っています。そこでは、肝となる数字を確認し、これをもとに経営の大きな戦略、注意点について話し合われます。経営上のPDCAのポイントを押さえて、経営陣の良き相談役になるイメージです。具体的な論点を上げると、主に**図表4-6**のようなことが話し合われます。

7 フォローオン投資、イグジット戦略策定、実行

一度投資したスタートアップには、基本的に継続してフォローオン投資をする必要があることはすでに述べました。それがVCの評判につながるからです。優良なスタートアップは、途中ではしごを外すようなVCを選ぶことはないでしょう。

ファンド運用期間と追加投資

このためポートフォリオの運営では、投資の時点から追加投資金額とその発生タイミングを想定し、第2、第3の出資のための予算をあらかじめ確保します。これについては、次節の「ポートフォリオ構築」で詳しく述べます。追加出資は、いつ、どれくらいの規模で発生するのか、合理的に計画を立てておく必要があることは述べてきた通りです。スタートアップのビジネスをモデリングし、特に現金の燃焼ペースを見ながらラウンドの発生を予測します。

経験豊富なCFOは、どのようなタイミングでラウンドすると投資家に好ましく受け入れられるのか、阿吽（あうん）の呼吸が分かっています。バリュエーションが付きやすく、多くの企業がラウンドをする平均的な売上高の閾値などに

感覚のあるCFOは、VCとうまくコミュニケーションを進めます。「資金調達がうまい」とは、そういうことです。

VCは、スタートアップのCFOやCEOと対話しつつ、資金調達の計画を適宜見直し、これに備えます。過去にIPOしたスタートアップの業績や財務のトラックがVCに蓄積されていれば、スタートアップ経営陣とのコミュニケーション、計画策定のフォローに大いに役立ちます。

VCファンドの運用期間は10年程度が一般的です。概ね、前半の５年程度で新規の投資を完了し、後半の５年で追加出資をしていきます。これは、米国のスタートアップが平均４～７年でM&AまたはIPOでイグジットすることと対応しています[54]。残る運用期間が５年を切ると、新規の投資だとイグジットに至らない恐れがあるばかりか、フォローオン投資に応じられず、信用を失う恐れがあります。

ファンドを跨いだ投資は利益相反を要チェック

追加投資の予算が足りなくなったからといって、単純に次のファンドから追加投資をすればいいというわけでもありません。１号ファンドで投資した案件の追加投資を２号ファンドで実行するようなケースも稀にありますが、慎重な判断が求められます。

VCに限らず、投資家から投資業務を受託し、投資先の決定について広範な裁量を持つファンドマネージャーは**受託者責任**を負います。ファンドの投資利益創出に常にベストを尽くすことが受託者責任です。疑義が生じれば訴訟も含めた責任追求の対象になり、最悪、ファンドの活動停止に追い込まれます。

追加投資を別のファンドから行うと、それぞれのファンドの利益最大化に

54　全米ベンチャー・キャピタル協会（NVCA）によると、最初のVC出資からIPOまでの期間は平均5.3年、中央値で6.3年（2020年にIPOしたVC出資の103社）。一方、日本は創業からIPOまで10.8年（中央値）。2020 Japan Startup Finance (INITIAL)

ベストを尽くしたか問題になる恐れがあります。１号ファンドで資金を入れているスタートアップに対して２号ファンドから追加投資した場合、大成功すると１号ファンドの投資家から「１号ファンドの投資機会を不当に２号ファンドに分け与えた」という疑義が出てきてしまいます。

逆にうまくいかなかった案件だと、２号ファンドの投資家から「失敗案件を押し付けられた」という疑念が出ます。

同じVCが２つ以上のファンドを運用する場合は、どちらから投資すべきであったか議論にならない明確な仕組みが求められます。

ゴールとなるイグジット戦略

事業計画のゴールがイグジット戦略です。イグジット戦略では、IPOやM&Aだけではなく、IPO後のロックアップ解除のタイミングについても考えます。ロックアップとは、VCのようなIPO前からの大株主が、上場後に一定期間、株を売らない契約です。IPOを担当する主幹事証券と交わします。IPO後の株価が不安定な段階で大株主が一斉にイグジット（株を売却）して株価を急落させないための仕組みです。

公開市場では個人投資家を含めさまざまな主体が取引に参加しているため、会社全体の損益（PL）が黒字に転換する瞬間や、その蓋然性が目に見えて高まる瞬間、会計上の売上高の成長率が加速する瞬間など、分かりやすい投資家向け広報（IR）ができる瞬間でなければ適正な企業価値が付かない恐れがあります。プロのアナリストや金融メディアですら、スタートアップのビジネスモデルを正しく理解していないことがままあります。

IPOやロックアップ解除のタイミングをどこに持っていくかで株価は大きく異なる恐れがあり、ファンドのパフォーマンスに少なからず影響します。当然、スタートアップのIPO時の資金調達や、売り出しによる経営陣の創業者利益にも影響します。過去の投資先のデータや緻密なモデリングで、イグジット戦略を練る必要があります。

イグジットはVCにとって「答え合わせ」でもあります。VCのバリュエーションが正しかったのか、市場から判断されることになります。正しいバリュエーションをするVCは業界内で信頼を得ていきます。イグジットまで持っていった投資先が多ければ多いほど、VCの経験値は上がり、データも蓄積され、より正しいバリュエーションができるようになります。強いVCがさらに強くなる好循環が生まれます。

8 ポートフォリオ構築と投資家へのレポート

VCファンドをどう構築・運用するかについては、考えるべきことがたくさんあります。ポートフォリオの構築戦略に対して、米国では必ずLPから質問を受けることになります。その実務については、書籍やビジネススクールなどで教わる機会がほとんどなく、筆者にとってカウフマン・フェローズ・プログラムでのレクチャーは貴重な機会でした。そこで得たノウハウで、Sozoベンチャーズのファンド運用に携わっています。

まず簡単にVC投資の全体的な仕組みをおさらいしたあと、ポートフォリオ構築において考えるポイントをまとめます。

LPとGP

本書冒頭のオリエンテーションでも解説した通り、ベンチャー投資は一般的に**図表4-7**で示したような仕組みでお金が流れます。図の上から、まずLP（リミテッドパートナー、投資事業有限責任組合員）と呼ばれる資金の出し手、投資家がいます。金融機関であったり、事業会社であったり、あるいは年金基金や大学基金、財団であったりします。LPには基本的には投資判断に対する発言権がありません（当然、あらかじめ定められたファンド基準を逸脱しない限りにおいて、です）。

図表4-7　基本的なVCの構造

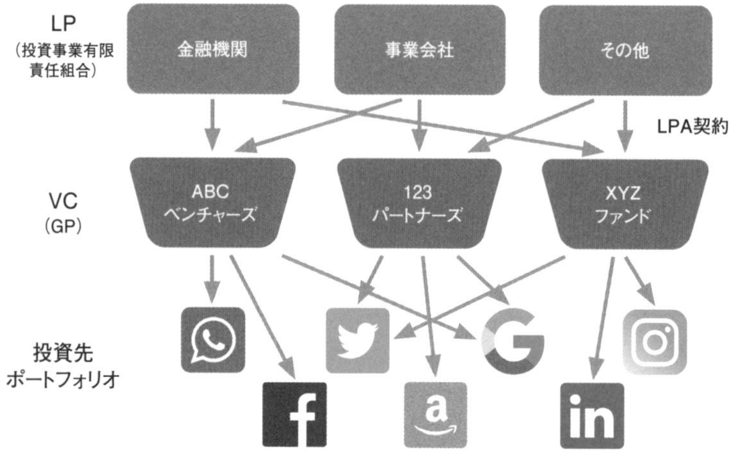

繰り返しになりますが、VCがLPからお金を集めることを「資金調達（ファンドレイズ）」と呼びます。米国で最もポピュラーなLPは、金融機関です。米国では、VC投資は不動産やヘッジファンドに並ぶオルタナティブ投資として地位を確立しているため、年金のように数兆円規模の運用をしている巨艦投資家がポートフォリオの分散戦略の一環としてVCに資金を振り向けます。

どの企業に投資し、いつイグジットするのかはVCの判断に委ねられます。投資先や、投資先のほかの株主がVCに対して何らかの訴訟を起こした場合、その責任がLPに及ぶことはありません。

LPから集めたお金をGP（ゼネラルパートナー、無限責任組合員）がスタートアップに投資し、運用します。通常はリスク分散のため複数のスタートアップに投資します。ファンドを管理、運用、投資判断するのがGPで、通常はGPをベンチャー・キャピタル（VC）と呼びます。

LPはVCとリミテッド・パートナーシップ契約（**LPA**）を結び、その資金の運用をVCに委ねます。この契約の中で、マネジメントフィー（管理手数料）やキャリー（成功報酬）、また投資領域などのファンド基準が定められます。

LPとVCの関係の法的実体は「パートナーシップ」であり、この組織に課税されることはありません。パートナーシップからの利益（イグジットでファンド内に発生した売却益）は課税されることなく、全額がLPとVCに分配されます。LPには投資リターンとして、VCには管理手数料や成功報酬として分配され、それぞれが利益・報酬に基づき納税します。

ファンドの構築

ファンドを構築するうえで考慮すべきは、主に次ページの**図表4-8**に挙げた11のポイントです。

ポートフォリオ構築が適切にモデリングできていないと、ファンドマネージャーはこれら11のポイントが運用に与える影響を過小評価しがちで、後になって困ります。やるべきフォローオン投資ができなくなったり、LPの投資資金を余らせてしまったりして、プロのファンド運用者として信用を失ってしまいます。

まず、以下の設問について考えてみてください。

【設問】

あなたはVCのファンドマネージャーとして、運用期間10年、１億ドルのファンドを運用します。20社を組み入れたいと考えた時、各社への平均投資額はいくらになるでしょうか。

【解答１】

１億ドル÷20社 ＝ １社当たり500万ドル

図表4-8を上から順に見ていくと、上の設問に対する解答１が誤りである

図表4-8　ファンド構築で考慮すべきポイント

1 ファンドサイズ	運用総額
2 マネジメント・フィー	ファンドからVCに払う運用手数料
3 ファンドにかかるコスト	リーガルフィーなど
4 投資社数	投資期間中の総投資社数
5 1回目の平均投資額	ファンド開始時に1社当たり平均いくら投資するか
6 持ち分割合のターゲット	投資先の何%までシェアを取るか
7 追加投資分の確保	2回目、3回目の投資予算の確保
8 再投資	利益が早めに発生した時の再投資
9 目標リターン	LPに対するネットベースのリターン目標
10 必要リターン	目標リターン達成のためファンドが上げるべきリターン
11 グラデュエーション・レート	イグジットなどによる運用残高の減少率

ことが分かります。ファンドサイズは１億ドルです。ここからマネジメント・フィーを引く必要があります。フィーは運用残高（AUM）に対し年間２～2.5％が一般的です。仮に２％とすると、10年で2000万ドルがファンドからフィーとして流出します。この時点で実質的な投資可能額は8000万ドルです。

２回目、３回目のフォローオン投資の分も確保しておく必要があります。フォローオン投資の予算をファンドサイズの50％とすれば、5000万ドルを投資せずに残しておきます。[55] 8000万ドルからさらに5000万ドルを差し引き、残った3000万ドルを20社に投じるため、平均初期投資額は150万ドルです。

フォローオン投資については、投資先の事業状況が変われば計画した数字との乖離が出てくるので、四半期ごとに投資予算を見直します。当然、フォローオン投資に対する準備額の状況が変われば、新規の投資先への投資額にも影響が出ます。

55　実務上は、ファンドに現金を残しておくのではなく、最初にLPとの間で枠（コミットメント）を設定し、フォローオン投資が必要になった段階でLPに対してキャピタルコール（出資実行の要求）をする。

さらに持ち分割合のターゲットを考えます。150万ドルを株式価値1000万ドル（ラウンド後ベース）の会社に投じると、持ち分は15%になります。次のフォローオン投資ではどれくらいの持ち分になるかも試算し、割合が上がりすぎたり下がりすぎたりしないようにします。

リターンの想定

リターンの計算には、株式の売却などによる**グラデュエーション・レート**を考慮します。運用期間中にイグジットで株式を売却したり、投資から撤退したりすることでリターンの源泉となる運用残高が減ります。売却により得た現金は、再投資せずに出資額に達するまでただちにLPに返却されるためです。たとえば1億ドルの出資を受けたファンドは、1億ドルに達するまで現金をLPに返し続けます。これを「**ウオーターフォール方式**」と呼びます。株を売却した瞬間に運用残高はその分、減少します。当然、運用残高が減るとその分、リターンも絶対額としては少なくなります。

一方で想定よりも早くリターンが積み上がり、出資額の1億円をLPに返し切ると、そこから上の利益についてはファンドに戻してリサイクル、つまり再投資します（投資契約による）。LPにとっては、そうしたほうが投資効率が上がるためです。当然、リサイクル分をどうアロケーションするかも計画的に考えなければなりません。

LPに対するリターンを考える際には、フィーや各種のコストを考慮する必要があります。LPにとってのコストは、VCに支払うマネジメント・フィーが2%、投資先がイグジットしたときの成功報酬が売却益の20%、そしてリーガルフィーなどです。通常、リーガルフィーなどの各種コストは25万～100万ドル規模でかかります。LPに対するリターンは、これらのコストを差し引いた残りなので、実際にファンドで上げるべきリターンはもっと大きくなります。

このように、さまざまな変数の複雑な組み合わせを考慮しながら計画を立て、ダイナミックに計画を修正しつつLPから預かったお金を運用します。

投資家へのレポート

四半期に1回、投資家（LP）に対して運用レポートを発行します。投資先の会社情報の概要や財務状況のハイライト、バリュエーションの根拠について記載します。また、運用レポートとは別に監査レポートを当局に提出します。監査レポートでは投資先のバリュエーションに関して第三者機関のレビューも必要になりますので、作業は膨大になります。

VCに必要な人数

ここまで見てきた通り、VCの業務は多岐にわたります。大きく、**図表4-9**のようなチームが必要になります。まともなVCを切り盛りするには、少なくとも20人程度の陣容が必要です。VCを見極める際、何人のメンバーがいて、図表4-9のような業務を誰が担当しているのかチェックするだけで、そのVCがまともなのか、そうでないのかが分かります。

投資チームはほかのVCや投資家、企業と情報交換しつつ、俎上に載ったスタートアップと接触します。デューデリジェンス・チームは投資チームと連携し、収益性の分析やスプレッドシートの作成、マネジメントチームの職歴調査、エンドユーザー調査、法的リスクの洗い出しをします。投資候補の企業が所有している知的財産（IP）、データベース、他社との契約、コンプライアンス状況、セキュリティ体制、抱えている裁判などあらゆる重要文書に当たります。上場企業と異なり、文書が整理された形で速やかに網羅的に出てこない点も手間がかかる部分です。どうしても文書、データが出てこなければヒアリングで補います。

投資実行後は、投資チームがボードミーティングに入ります。定期的に観察しておくべき「モニタリングポイント」の設定、各種重要指標の計画作成、修正などPDCAを回し、スタートアップの良き相談者になり、付加価値を

図表4-9　VCに必要なチーム

■投資チーム

- 案件の探索、リサーチ、獲得
- 投資実行後のポートフォリオ管理
- 投資先企業のフォロー

■デューデリジェンス／ポートフォリオ管理

- 投資前の案件の評価
- 投資実行後の投資先のモニタリング
- エンドユーザー調査など取材
- ファンドオペレーションチームと連携
- ファイナンスチームと連携

■ファンドオペレーション

- 投資やイグジットのタイミング、金額の決定、追加投資予算の確保
- ポートフォリオの状況把握と修正、ファンドとしての投資戦略の実行

■ファイナンス・バックオフィス

- 投資先、投資家、関係当局に関する必要なレポートの作成、情報提供

提供します。

ファンドオペレーション・チームは、先ほど述べたようにフォローオン投資の予算確保や再投資のアロケーション検討、グラデュエーション・レートの想定、それらに基づくリターンを管理します。状況は刻々と変わるため、ポートフォリオ管理チームと連携して、投資先企業の事業、財務状況を考慮しつつ精緻なシミュレーションをします。ファイナンスチームなどバックオフィスは、各種レポートの作成、税務に関連する管理をします。時価ベースで課税される米国では、VCの税務は複雑なオペレーションになります。

当然、新規の投資が発生したり、ラウンドやイグジットがあったりすると各チームとも業務が集中します。

高パフォーマンスVCのスタッフは平均24人

シカゴ大学のスティーブ・カプラン教授らによる2017年の大規模サーベイによると、VC610社の平均スタッフ数は14人です。

このサーベイには、非常に成功しているVCとそうでないVCが含まれるため、過去10年に少なくとも10件のイグジット（IPO）をしたVCのみを対象にして、その中央値より上か下かでVCを「高IPO率集団」「低IPO率集団」として分けています。[56] 高IPO率集団（144ファンド）のVCはスタッフが24人、低IPO率（165ファンド）の集団では11人です。日本のVCは一部に大手はあるものの、10人以下の少人数で運営されている場合も珍しくありません。

イグジットの実績があるほど人員を増強する余裕があると言えるので、「卵が先か、鶏が先か」の議論ではありますが、成績の良いVCが20人程度の陣容を抱えているというサーベイ結果は、実感としても納得できる数字です。

また、ここまで見て分かるように、VC内の業務はいずれも専門的であり、経験ある人の指導のもとで10年単位の実務経験を積んで初めて得られるスキルです。20人という頭数もそうですが、一人ひとりの質、つまり過去の業務経験も重要な要素です。具体的にはVCやプライベートエクイティ（PE）ファンドでの業務経験、スタートアップのCFOの経験がなければ務まるものではありません。

56　HOW DO VENTURE CAPITALISTS MAKE DECISIONS？(p.14)

Column

日本市場の魅力

近年の米スタートアップ企業にとって、国際展開は上場する以前からほとんど必須となっています。ソフトウエア・サービスは勝者総取りの様相を強め、企業は起業後早い段階で世界の市場を押さえたいと考え、投資家もそれを求めています。

2012年のフェイスブックIPO前後の時期から、国際展開に成功しているスタートアップが少ないことがカウフマン・フェローズやそのOB/OGの間で問題意識として浮上していました。これに乗じて、Sozoベンチャーズは国際展開のサポートを売り物にしたVCになろうと考えたのです。

Sozoベンチャーズの創業直前、有力とされるVCほとんどにインタビューし、国際展開先としてどんなエリアにニーズがあるかを聞いて回りました。人口が多く経済成長をする中国やブラジルと言われるのだろうと思っていたのですが、意外なことに日本と答えるVCが多かったのです。

「日本の位置づけは、中国やブラジルとは違う」

面白い分析をしてくれたのが、ベンチマーク・キャピタルのマネジメントでした。

彼は「米国で成功したモデルが最初にグローバル展開をする先は、日本か欧州の二択」と話しました。知的財産権が守られ、社会秩序が保たれて可処分所得が高い。そうしたプロト市場としての要件を満たしているのが2つのエリアであり、中国とブラジルとは違うという見解でした。日本でスケールすることを求めてはいない、とのことでした。

欧州に進出する際に人気が高いのは、英国でした。英国は欧州の代表的な市場と見なされているからです。しかしスタートアップは、英国であれば言葉の壁もなく自分たちで進出できると考えます。また、英国に進出したからといって、フランスやドイツのマーケットが取りやすくなるかというと、必ずしもそうではありません。欧州のマーケットは案外、分断されているのです。

一方で日本は、米国のスタートアップが単独で進出するには、言葉や文化の問題もありハードルが高いと思われていました。日本はアジア有数の先進国であり、日本に進出することはほかのアジア諸国へ進出するモデルケースになるメリットがあります。実際にスクウェアやコインベースは、英国よりも日本進出を優先しました。

Sozoベンチャーズ創業前、私はまだ三菱商事社員の立場でツイッターの日本進出を手伝い、それが縁でパランティアを紹介され、両社への投資の機会を得ました。こうしてSozoベンチャーズは、日本進出のサポートを付加価値として提供するVCとして出発することになりました。ファンドありきではなく、グローバル展開のサポートが先にあり、その器としてファンドを設立したという順です。その意味で筆者は、グローバル展開支援の一点においては世界ナンバーワンのVCでありたいと考えています。

Chapter 5

第5章

米国のVCと日本のVCの違い

彼らのバリュエーションを疑うばかりでなく、
新しい世代のソフトウエアカンパニーが
何をなそうとしているのか、ビジネスや経済の
どれだけ広範囲に影響を与えようとしているのか、
そして私たちが新しいソフトウエアカンパニーを
米国や世界で生み出すために
何ができるのかを理解するため前進しよう。

アンドリーセン・ホロウィッツ創業者
マーク・アンドリーセン[57]

57 Why Software Is Eating The World, Wall Street Journal (August 20, 2011)

1 巨大で競争の苛烈な米国VC市場

2021年は米ベンチャー・キャピタル（VC）の収穫期だったといえるかもしれません（**図表5-1**）。VCが出資した企業でIPOに漕ぎつけたのは181社と、２年連続で100社を上回りました。合計のイグジットサイズは5000億ドルを超えました。前年のエアビーアンドビー、スノーフレイク（Snowflake）、ドアダッシュ（DoorDash）、パランティアに続き、リヴィアン（Rivian）、コインベース、ロブロックス（Roblox）、ロビンフッド・マーケッツなど大型案件が次々と上場しました[58]。IPOによるイグジット額はVCの投資額の8.4倍に達し、これはフェイスブックが上場した2012年の12倍以来の高水準です。

しかし、VCがみんな十分なパフォーマンスを出しているわけではありません。多くのVCがパフォーマンスを出せないまま10年程度で消えていっ

図表5-1　VC出資企業のIPO件数

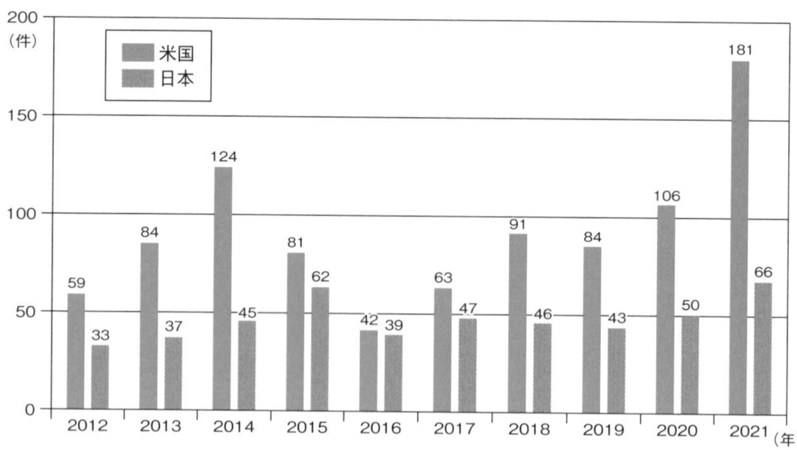

出所：米国は2022 Yearbook（NVCA）、日本はJapan Startup Finance 2021（INITIAL）

58 NVCA 2022 Yearbook

ているのが現状で、実態は二極化しています。第５章では米国のVCの現状、その背景を整理し、日本のVC発展への示唆としたいと思います。

Sozoベンチャーズの調べでは、IPOや大型M&Aでイグジットしたスタートアップの企業価値の75％は、全体の１％足らずのVCによって創出されています。VCの勝ち組と負け組の区別がはっきりしているといえます。

この傾向は近年、強まっています。2004～13年の10年間のデータ[59]を集計すると、投資額に対するリターンが０～１倍未満のVCは全体の約65％に達します。つまり、利益を出しているVCは全体の35％にすぎません。この中でも、５倍以上のリターンを出しているVCは10％足らずです。

一方、90年の研究[60]によると、リターンが０～１倍のVCは23％で、残る70％強が利益を出しています。

良いVCには良い案件が集まってくる好循環が繰り返され、優勝劣敗が進んでいるといえます。良い投資案件を獲得するVCは、成功モデルのデータが蓄積され、さらにスタートアップを正しく評価することができます。イグジット実績がたまれば、優良なスタートアップに選ばれるようになります。

その陰で、多くのVCは10～15年、３号ファンドの運用期間が終わるとひっそりと撤退しています。ファンドの途中経過の評価はそれなりのノウハウがなければできないため、１号ファンドの運用結果が出るまではVCの実力が表に出にくいのです。このため実力のないVCであっても１号ファンド運用中に２号ファンド、３号ファンドを設立できるケースは珍しくありません。１号ファンドの実績が運用期間の10年を経てようやく露わになり、LPからの出資が集まらなくなります。10年間に設立した他の１つか２つのファンドの運用期間の終了をもってVCとしての業務をたたむのです。

59　Dow Jones VentureSource、その他のデータを集計。リターンは投資額に対する実現益（Gross Realized Multiple）

60　William A. Sahlman (1990), *The structure and governance of venture-capital organizations.* ただし、VCのパーセンテージは投資総額に対する割合。

VCの数自体は増加していますが、パフォーマンス面では淘汰が進んでおり、長く生き残るVCは少なくなっていくと思われます。

2 米国の勝ち組VC

現在、米国のVCはおよそ3400あります[61]。その中の勝ち組VCはどんな顔ぶれなのでしょうか。主なVCについて、バブルチャートにまとめてみました（**図表5-2**）。

横軸にVCの設立年、縦軸には投資先のイグジット社数を取っています。イグジット案件が多いほど「成功している」と判断できますが、当然、右にいくほど新しいファンドなので、その分イグジット数は少ない傾向にあります。バブルの大きさは、累計のファンドレイズ額（VCがLPから資金調達をした額）を表し、これも新しいほど小さくなる傾向にあります。

こうして整理すると、時期によってVCは大きく２つに分けられます。1970年前後のVC黎明期に設立されたセコイアなどの老舗VCと、2000年前後に設立されたIT・ソフトウエアに強いVCの一群です。

以下に、代表的なVCを紹介しましょう。

米国の顔ともいえる代表的VC

老舗VCの投資先は、米国の産業史そのものです。ロックフェラー財閥の傘下にあるVCベンロックの源流は、ロックフェラー家が1930年代に航空宇宙産業へ投資を始めたころに遡ります。1969年にファンドの形となり、半導体のインテルに投資。1978年にはアップルに資金を投じました。2021年現在、中心的なパートナーを務めるブライアン・ロバーツとブライアン・

61　NVCAが集計する「Active US VC Investors」の数（2021年）。

図表5-2 米国の代表的なVC

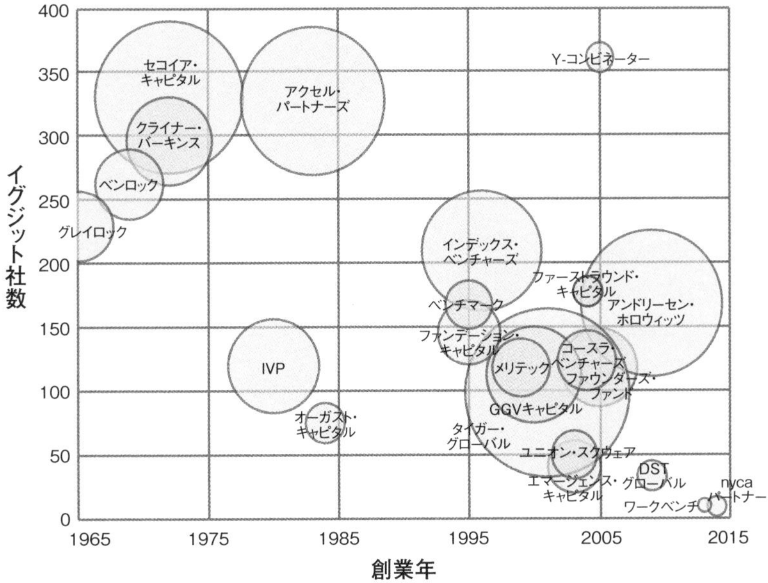

2021年8月、Crunchbace のデータから作成

アッシャーはカウフマン・フェローであり、シリコンバレーでも尊敬を集める投資家です。遺伝子解析のイルミナ（Illumina）などに投資し、近年はバイオ分野に強いVCになっています。

アップルには、セコイア・キャピタルも投資しました。パーソナルコンピュータ「マッキントッシュ」を1984年に発売する数年前のことです。アップルを担当したセコイアのドン・バレンタインは当時を振り返り「パソコンに近いコンピュータは25万ドルもした。北米にこれを買おうとする人はいなかった」と話します。[62] マッキントッシュはその100分の１の価格。マウスを採用するなど、直感的な操作性を重視したスティーブ・ジョブズらしい商品です。

62　セコイアHP。https://www.sequoiacap.com/company-story/apple-story/

マッキントッシュに代表されるように、1970年代は情報化社会の幕開けでした。VCは産業の革新とともにあり、VCというビジネスが生まれたのもこのころです。セコイアと同じ72年に誕生したクライナー・パーキンスは１号ファンドで半導体機器のアプライド・マテリアルズ（Applied Materials）に投資しています。同社は後に世界最大の半導体製造装置メーカーとなりました。

２号ファンドから４号ファンドにかけて、やはり後に世界最大のパソコンメーカーとなったコンパック（Compaq）やサン・マイクロシステムズ（Sun Microsystems)、ソフトウエアのシマンテック（Symantec)、ゲームのエレクトリックアーツ（Electric Arts）にも資金を入れました。クライナー・パーキンスは１号ファンドでバイオベンチャーの先駆けとなったジェネンテックへの投資も成功させ、バイオにも投資先を積極的に広げました。

89年には民間インターネット・サービスが始まりました。クライナー・パーキンスが投資するネットスケープがインターネット・ブラウザ（閲覧ソフト）を開発・普及させ、1990年代半ば以降はインターネットが一般家庭にも入り込みました。セコイアは1995年にヤフー、クライナー・パーキンスは1990年代にアマゾン、2000年代にはグーグルに投資しています。グーグルにはセコイアも資金を入れ、2004年にIPOを果たしました。セコイアはその翌年、ペイパルの元CFOらが立ち上げたばかりのユーチューブに投資。2006年にグーグルに16億5000万ドルで買収され、イグジットしました。

アクセル・パートナーズは、フェイスブックのシリーズAのリード役を務め、増資ラウンドも支えて大成功を収めたVCとして知られます。社内チャットアプリ、スラック・テクノロジーズに投資し、同社は2019年６月に資金調達を伴わないダイレクト・リスティング（直接上場）を果たしました。初日の取引で時価総額は195億ドルに達しました。「良い企業に国境は関係ない」という考え方で、欧州やインドの企業にも投資しています。

多様化するVC

2000年前後はセコイアが投資したペイパルをはじめとする新しい世代のインターネットサービスが次々と産声を上げ、同時にVCも一気に多様化しました。起業家がイグジット後にVCを立ち上げる例も出てきました。キーとなるイノベーションは、スマートフォンとクラウドの２つでした。

2000年代半ばにはクラウド型のソフトウエアサービスという新しいビジネスモデルが誕生しました。「SaaS」です。2003年創業の**エマージェンス**は、まさにSaaSという言葉を世に送り出したVCです。2004年には投資先のセールスフォース・ドットコムが上場を果たしました。

エマージェンスが投資したライフサイエンス関連のSaaS企業ヴィーヴァシステムズ（Veeva Systems）、クラウド型ファイル共有ソフトのボックス、ビデオ会議のズームはいずれもIPOを果たし、世界的な企業に成長しています。社内SNSのヤマーはマイクロソフトに買収されました。最近は「米国版エムスリー」とも称され、医療関係者向けデジタル・プラットフォームを運営するドクシミティ（Doximity）が2021年６月に上場しました。

2022年４月現在、６号ファンドまで運用しており、投資先は100社に達します。このうち５億ドル以上の市場価値の投資先は19社といい、ポートフォリオの市場価値は4500億ドル以上です。創業者のジェイソン・グリーンはカウフマン・フェローズの立ち上げメンバーでもあります。

なお筆者らが創業したSozoベンチャーズの投資領域はエマージェンスに近く、SaaS企業が主です。カウフマン・フェローズで筆者のメンターだったフィル・ウィックハムと2012年に共同で立ち上げました。フィルは日本の最大手VC、ジャフコのパートナーの経験もある知日派です。

ペイパル出身のピーター・ティールは、2005年にファウンダーズ・ファンドを立ち上げ、エアビーアンドビー、コミュニケーション・プラットフォームのトゥイリオなどに資金を投じました。ファウンダーズ・ファンドはフェイスブックやパランティアへの投資の成功が目立ちますが、バイオなど比較的多様な業種に投資しています。2022年には50億ドル超の巨大VCファンド組成を発表し、運用資産総額は約110億ドルにのぼるなど、業界の台風の目となっています。

チャートには掲載していませんが、1999年設立のライトスピードもエンタープライズ・ソフトウエア企業を得意とします。400以上の企業を支援し、ペイパル創業者の一人が創業した分割後払いサービスのアファーム（Affirm）が2021年１月にIPOを果たしました。アファームは独自の与信判断アルゴリズムで、クレジットカードを持たない人を主なターゲットとした後払いサービスを展開しており、ライトスピードはシリーズBから投資しています。

ライトスピードのジェレミー・リューは「アファームはマーケティングにコストを使うのではなく、小売業者とつながり、店頭でローンを提供することでユーザーを獲得した。ペロトンのエクササイズバイクも、パープルのマットレスも、ウォルマートで買うiPhoneも、分割で買うことができる。これが今、**BNPL**（後払い決済／Buy Now Pay Later）と呼ばれているものだ」とブログ[63]で語っています。フィンテックの勃興は、スマートフォンの普及と切っても切れません。

ライトスピードはベンチマーク・キャピタルとともにスナップの初期投資家としても知られています。そのベンチマークは、ウーバーなどシリコンバレー周辺の企業に集中的に投資しています。１時間以内に全員が集まって投資判断のミーティングができるといいます。

63 Jeremy Liew (Jan 14 2021), Affirm's Journey from Startup to IPO, ライトスピードHP。https://medium.com/lightspeed-venture-partners/affirms-journey-from-startup-to-ipo-faa7d1a78566

2003年から活動しているユニオンスクウェア・ベンチャーズは、コインベース・グローバルへのシリーズAからの投資で有名です。仮想通貨の送金インフラとしてのポテンシャルを早い段階で見抜きました。主にシード段階からシリーズAのスタートアップ投資をフィールドとし、ツイッターやハンドメイド品のオンラインマーケットを運営するエッツイ（Etsy）などに早い段階から資金を入れました。ファーストラウンドやY-コンビネーターもシードやアーリーステージへの投資を得意とします。

比較的大きな運用残高を武器にさまざまなサービスを提供し、シリーズAからIPO直前のグロースステージまで幅広く投資するのは、アンドリーセン・ホロウィッツです。ネットスケープ創業者のマーク・アンドリーセンらが設立しました。金融インフラなど、レイトステージにおいて巨額の資金を必要とするラウンドに顔を出すことが多く、コインベースやスマートフォン証券のロビンフッド・マーケッツの後期の投資家になりました。

初期のインスタグラムに投資しフェイスブックに売却するなど、グロースステージのみに投資しているわけではありません。アンドリーセン・ホロウィッツの「a16z crypto Ⅱ」のファンドサイズは、21年にファンドレイズをクロージングしたVCファンドとして全米8位の22億ドルに達します。[64]

タイガー・グローバルやメリテックも似たタイプの投資家です。タイガーはニューヨークを拠点とするヘッジファンドですが、VCとしての存在感を増しています。コインベースがシリーズEで3億ドルを調達した際に、リード投資家となりました。エアビーアンドビーのシリーズEでも、リードを務めています。巨額の投資を即断即決することで有名です。アンドリーセンなどのファンドを抑え、2021年にクロージングしたVCファンドとして最もフ

64 NVCA 2022 Yearbook (p.24)

図表5-3　2021年にクロージングした大型ファンド

運用主体	ファンド名	ファンドサイズ（億ドル）
タイガー・グローバル	タイガー・グローバル・プライベート・インベストメント・パートナーズXIV	66.6
TCV	TCV XI	40.0
フラッグシップ・パイオニアリング	フラッグシップ・パイオニアリング・ファンドVII	34.0
ノーウェスト・ベンチャー・パートナーズ	ノーウェスト・ベンチャー・パートナーズXVI	30.0
パラダイム（クリプト・ファンド）	パラダイム・ワン・ファンド	24.9
ベッセマー・ベンチャー・パートナーズ	ベッセマー・ベンチャー・パートナーズXI	24.8
アクセル	アクセル・リーダーズIII	23.5
アンドリーセンホロウィッツ	a16zクリプトIII	22.0

NVCA 2022 Yearbookより作成

ァンドサイズが大きかったのはタイガーの「タイガー・グローバル・プライベート・インベストメント・パートナーズXIV」の66億5500万ドルです。[65]

メリテックはスノーフレイクが４億7900万ドルを調達したシリーズG、オンラインゲーム・プラットフォームのロブロックスが１億5000万ドルを調達したシリーズGに顔を出しています。なおロブロックスのシリーズGのリード投資家は、アンドリーセンでした。

グロースステージの投資家は、VCというよりも上場株投資家に近い存在です。たとえばタイガーは、投資先企業に役員を送り込むことはありません。上場後もイグジットせず長く保有することも珍しくなく、クロスオーバー投資家でもあります。フィデリティやティー・ロウ・プライス、ゴールドマンサックス・アセットマネジメントといった上場株投資家の印象が強い投資家もグロースステージに資金を出します。ソフトバンク・ビジョン・ファンド

65　前掲書。以降、米国のVCの投資額、フォローオン投資額、企業数、個別案件を含むイグジット額は特に言及がない限りすべて2021または2022 YearBookによる。

(SVF）もこのカテゴリーに入ります。VC界隈では、SVFは「VCである」というよりも、グロース投資家の巨大版というイメージが強いといえます。

Sozoベンチャーズはグロースステージの少し前に、ほかの有力VCと連携して投資するユニークなポジションを確立しています。スタートアップのグローバル展開をサポートするという付加価値においては、トップVCでありたいと考えています。

3 米国VCの新潮流

2021年10月、米国の最有力VCのひとつであるセコイア・キャピタルが、一般に10年のVCファンドの運用期間を取り外すことを表明しました。投資先企業が上場した後も株式を持ち続けられるようにしたのです。

私たちの業界は10年という運用期間にとらわれている。これは1970年代に作られた習慣だ。半導体は小さくなり、ソフトウエアはクラウドで運用されているのに、ベンチャー・キャピタルは未だにフロッピーディスクを使って仕事をしているようなものだ。かつて、ファンド運用期間10年に意味はあった。…（中略）…最高の創業者は世界にインパクトを与え続けたいと思うだろう。彼らの意志は10年に限定されない。もちろん、私たちも。[66]

上の引用にあるように、セコイアは起業家のライフサイクルに合わせて運用期間を長くするとしていますが、実は、この動きの背景には米VC業界の大きな構造変化が横たわっています。

66 The Sequoia Capital Fund: Patient Capital for Building Enduring Companies
https://www.sequoiacap.com/article/the-sequoia-fund-patient-capital-for-building-enduring-companies/

タイガー・グローバルとソフトバンクの台頭

2020年代に入ってから、米国のVC業界は急激な変化にさらされています。この変化の台風の目がタイガー・グローバルとSVFです。

タイガー、SVFともにケタ外れの運用額で米国のVC業界で存在感を一気に高めました。特徴は、バリュエーションに寛容で、少々高くても即断即決で大きな資金を入れることです。また、投資に際して取締役会の席を要求するなどといったこともありません。

加えて、出資を受けたスタートアップは、タイガーやSVFが提携するコンサルファームなどのサービスを自由に使えます。スタートアップ側にしてみれば、割の良い投資家といえるでしょう。

巨大な資金力でスタートアップを引き付けているのです。

当然、既存のＶＣは影響を受けます。有望な投資先を取られてしまうからです。コツコツと価値を提供してきた町の商店が、突如として進出してきたウォルマートに顧客を取られているような状況です。もともと2000年代から、フィデリティやティー・ロウ・プライスといった上場株投資家が未上場株投資に参入してきていました。ＶＣは規模の大きいクロスオーバー投資家との競争にさらされる中、さらに規模の大きいタイガーやSVFが現れたという流れです。

こうした文脈でセコイアの変化を読み解かなければ、本質を見失います。

セコイアの本音と投資スキーム

セコイアの投資スキームは、大まかに以下のような流れです。

まず、投資家（LP）が運用期間のないセコイア・ファンドに出資します。このセコイア・ファンドがいくつかのサブファンドに出資をします。サブファンドは未上場株に投資するVCファンドです。サブファンドの投資先がIPOをすると、セコイア・ファンドがその株を買い取ります。

つまり、上場株に投資をする運用期間のないセコイア・ファンドと、その

図表5-4　セコイアの投資スキーム

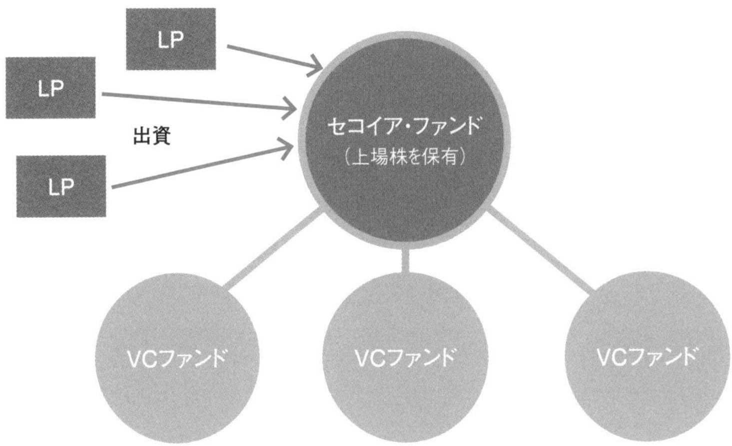

傘下のVCファンドの２層構造になっており、この層の間でお金が行ったり来たりと循環して延々と投資を続けることができる構造です。

セコイアは上場株も持ち続けられるようになったばかりか、イグジット後の利益をLPに返さず再投資に回せます。要は、LPから一度お金を集めると、それを元手にどんどん膨らませられるようになったのです。投資効率を劇的に上昇させ、タイガーやSVFの資金力に対抗できる体力を蓄える狙いといえるでしょう。

実は、セコイアに限らず、著名なVCは、運用期間10年を超えてもLPにお金を返さずに再投資をしたり、優良株を保有し続けたりすることは、これまでも珍しくありませんでした[67]。しかし、個別にLPと交渉し、合意したうえで延長していました。セコイアは、最初から、つまり出資の段階から運用期限を設けないと宣言したのです。

67　延長後は信託報酬を徐々になくし、成功報酬のみ受け取る場合が多い。

もともとVCの運用期間の10年というのは投資商品としては長く、投資家からすれば不便な投資先です。最初の段階で期限を設けず向こう10年超、運用することを宣言したうえで出資金を集めるような芸当ができるのは、セコイアの卓越した実績があるからこそでしょう。また、セコイアは運用期間を超長期にすることで、LPを「選んだ」ともいえます。極端にいえば、年金基金のような超長期の運用期間の制約が少ない顧客のみを相手にするということでしょう。

「起業家のライフサイクルに合わせて運用期間を長くする」というセコイアの発信を真に受けるのは牧歌的にすぎ、米VC業界の置かれている状況を理解しているとはいえません。

アンドリーセン・ホロウィッツの対抗策

アンドリーセンは、コインベースのIPO前のセカンダリーで株式を大量取得しています。アンドリーセンはVCエグゼンプションを返上し、未上場

図表5-5　VCの運用規模・投資先ステージのイメージ

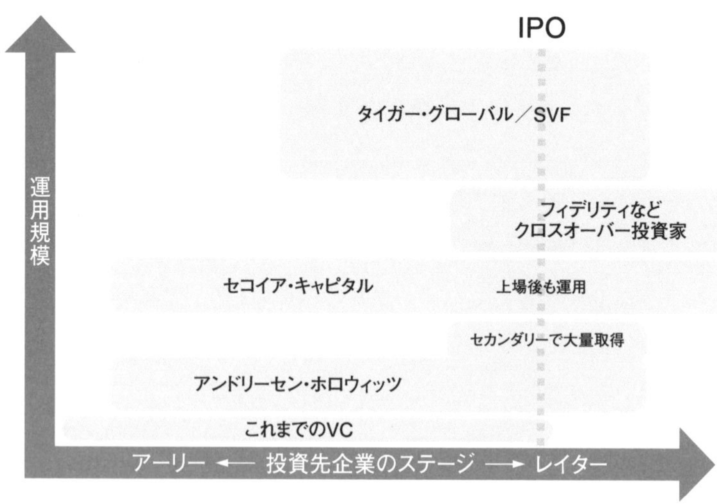

株のプライマリー投資（VCとしての通常の投資）以外の投資額を全体の20％以下に抑えるという規制を逃れました。これも運用額を拡大するためです。

スケールして体力をつけ、スタートアップによりたくさんのサービスを提供する狙いです。**デットファイナンス**（貸し付け）や**ICO**（Initial Coin Offering：暗号資産による資金調達）など、VCのイメージからは遠い金融サービスを提供するようになっています。ウォルマートに対抗して、多様なサービスを選べる「ショッピングモール方式」といえるかもしれません。アンドリーセン・ホロウィッツは「新しいVC」として、こうしたサービス拡大を盛んにブランディングしています。

4 日本のVCの現状

米国のVCは、2021年に3328億ドル（約37兆円）の投資を実行しました。日本は同年に7801億円[68]だったため、およそ50分の１の水準です。米国の国内総生産（GDP）は日本の４倍、人口は３倍弱、上場企業の時価総額は７倍余りです。さすがに米VCが日本の50倍も投資しているというのは、差がありすぎるように感じます。日本のVC投資は、本来のポテンシャルからすればもっと増加余地があるように思われますが、スタートアップに流れ込むリスクマネーは圧倒的に少ないのが現状です。スタートアップの１社当たり資金調達額（平均）も、日本は４億7000万円（2021年）と、同年の米VCの５分の１の水準です。

米国のスタートアップは、流し込まれたリスクマネーを使って適切な人材を集め経営基盤を固めます。コインベースは、情報開示の義務も利益を出す圧力も少ない上場前の段階で多くの法務担当者を雇用しコンプライアンス体

68　国内スタートアップの資金調達額。2021 Japan Startup Finance（INITIAL）

制を充実させ、グローバル展開も進めました。スクウェアやパランティアも同様です。

フォローオン投資が中心

米国のVCの投資額が大きいのは、フォローオン投資を大切にしているからという面があります。2020年のVC投資額1640億ドルのうち、フォローオン投資額は1511億ドルを占めます。初回の投資はわずか129億ドルと、フォローオン投資の10分の１以下です。

会社数で見ても、初回投資を受けた企業数は直近５年間、年間3000社前後であるのに対し、フォローオン投資を受けた企業は7000社前後と２倍以上です。一般的にラウンドが進むごとに企業規模が大きくなり調達額が増えるため、フォローオン投資の額が大きくなります。米VCは追加投資によりスタートアップを支え続け、イグジット規模が大きくなるまで育てます。VCの層が厚いため、ラウンドの規模によっては純粋なVCからクロスオー

図表5-6　米VCの初回投資額とフォローオン投資額

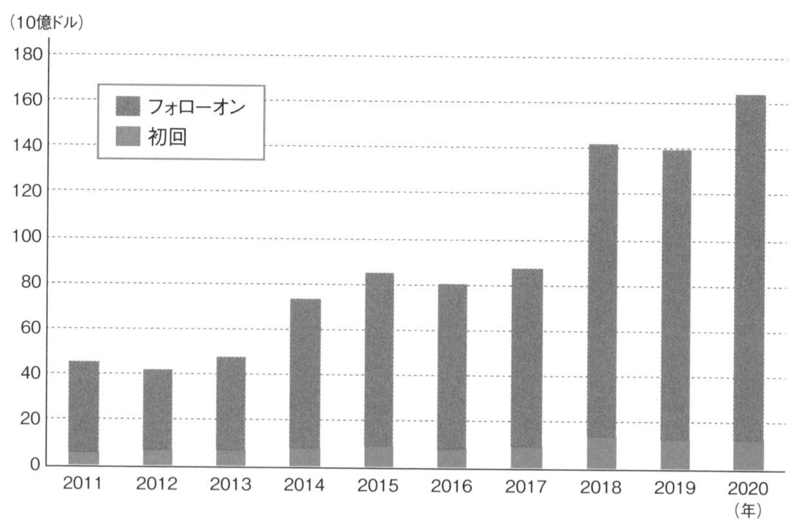

バー投資家にバトンタッチします。

お金と付加価値の継続提供

起業の中心がソフトウエア産業となり、またSaaSの発達で、スタートアップはかつてほど巨額の初期投資が必要なくなりました。その意味で、スタートアップにとって調達資金の「稀少さ」はかつてほどではなくなっています。VCはお金以外の付加価値で投資を「させてもらう」という構造になっています。

一方で、パランティアやファストリー、コインベースのように上場前から巨大なグローバル市場に展開するためのコストが継続的にかかるようになりました。つまりお金はやはり重要であり、勝手を知る既存投資家（VC）が資金需要の拡大に応じて継続的に十分なフォローオン投資をすることがスタートアップにとって必要不可欠になっています。VCは、お金も付加価値も継続的に提供することが求められています。

それができるのは、限られた勝ち組VCです。勝ち組VCは、継続的なフォローオン投資をするためにファンド規模を拡大してきた面があります。

つまり、米国ではVCビジネスにおいても資本集約と技術の集約が進んでいて、それはスタートアップの成長プロセスの変化に対応したものと言えます。こうした厳しい淘汰の中で新たな付加価値を武器にしたVCが現れ、生き残りをかけてスタートアップに独自のサポートを展開し、結果としてVC業界全体の多様性も生まれます。スタートアップとVCがダイナミックな相互作用を通して拡大の方向と多様性の方向へと発展しているのです。

なお、カウフマン・フェローズ・プログラムは、やや勝ち組に偏りすぎた米国のVC業界に多様性を人工的に作り出すことを1つのミッションとしています。

小さなVCやCVCが乱立する状況では、スタートアップを大きく育てるのは構造的に難しくなっています。このあたりが、日本のVCが米国のスタートアップのエコシステムに入れない１つの構造的要因になっていると思います。

米国とのイグジット格差

リスク提供の多寡はリターンの格差を生みます。米国VCのイグジット総額（IPO、M&A、バイアウト）は2017年に1000億ドルに達し、以降、1239億ドル、2646億ドルと増加。2020年には2889億ドル、2021年には7741億ドルにも達しました[69]。１年間で100兆円に迫るイグジットです。

2021年のIPOによるイグジットサイズで最大の案件はリヴィアンです。558億ドル、日本円換算で6.7兆円規模のイグジットでした。

そのほか、2020年はコインベースが481億ドル、ロブロックスが453億ドル、ロビンフッド・マーケッツが300億ドルでイグジットしました。M&Aでもグレイル（GRAIL）をイルミナが97億ドルで買収するなどイグジットが活発でした[70]。時価総額ベースで1000億円規模、つまり10億ドル規模のユニコーンがIPOすることがなかなかない日本では勝ち組VCが現れにくく、小規模なVCやCVCが乱立します。

ここで改めて、VCとスタートアップがどれほどの価値を創るのかを見てみます。

ブリティッシュ・コロンビア大学のウィル・ゴーナルらの研究[71]によると、1974年以降に設立された米国上場企業の時価総額の63％（およそ４兆3700億ドル）、従業員の38％（およそ300万人）、売上高の38％（およそ１兆2000億ドル）、研究開発費の85％（1150億ドル）、納税額の59％（570

69　NVCA (Q4 2021) PitchBook https://files.pitchbook.com/website/files/pdf/Q4_2020_PitchBook_NVCA_Venture_Monitor.pdf (p.29)

70　グレイルはイルミナが2016年に設立。スピンオフしたのち、この買収でイルミナ傘下に戻った。

71　Will Gornall, Ilya A. Strebulaev (Nov 2005) The Economic Impact of Venture Capital: Evidence from Public Companies

億ドル）はVCが出資した企業によるものです（2014年時点）。

カウフマン財団のティム・ケインの研究[72]によると、スタートアップは2000年以降、毎年300万人以上の雇用の純増をもたらしています。

イノベーションはスタートアップが起こします。大企業が得意なのは「カイゼン」であり、現状の延長で技術を漸進的に発展さる傾向にあります。筆者が言うのは変ですが、米国のスタートアップが起こしたイノベーションを輸入しているばかりでは日本発のGAFAMもズームもパランティアも生まれません。いま一度、カウフマン・フェローズで教えるスティーブ・カプランらの論文の冒頭の文章を引用します。

過去30年間、VCは革新的な企業の源泉であり続けた。VCが支えたアマゾン、アップル、フェイスブック、ギリアド・サイエンシズ、グーグル、インテル、マイクロソフト、スターバックス、ホールフーズは米国にも、そして世界にも大きな影響を与えている。VCの支援を受けている企業は全体の0.25%に及ばないにもかかわらず、IPOした企業の半分がVCの支援を受けている。

5 日本のVC業界がグローバル化するには?

キャピタル・デザインのグローバルスタンダード

海外VCの投資マネーを日本に呼び込むことは、有望なスタートアップを育てるうえで非常に効果的だと思います。１回の投資額が大きいだけでなく、海外の有能な人材獲得や、海外ビジネス拡大につながる可能性があるからです。

これからのスタートアップやVCは、後々のラウンドで海外VCを入れる

72 Tim Kane (Jul 2010) "The Importance of Startups in Job Creation and Job Destruction"

ことも念頭に置いたグローバルスタンダードの**キャピタル（資本）・デザイン**を考えるとよいでしょう。キャピタル・デザインとは、いつ、どんな投資家に、いくら投資してもらうか、資本構成の全体像です。

スタートアップでは、そのビジネスの将来性以上に、キャピタル・デザインが優れていなければ、海外VCに敬遠されてしまいます。キャピタル・デザインをグローバルスタンダードに合わせて初めて、スタート地点に立つことができるのです。

グローバルスタンダードなキャピタル・デザインで重要なのは以下の２点です。

- **投資家の構成は適切か**
- **投資家はラウンドごとにフォローオン投資をしているか**

日本のスタートアップは、少額の投資を数多くの投資家から受ける傾向があります。これはそもそも投資家側の事情として、投資ロット（単位）が小さいうえ、分散投資する傾向にあるのと表裏一体です。特に投資額が大きくなるレイターステージでは、大きな額を出資する投資家が絶対的に不足しています。

しかし、投資家の数が多いほど、M&AやIPOに関する合意形成が難しくなるため、数十社単位の投資家が横並びで少額投資しているという投資家構成を、海外VCは嫌います。

以下のような投資家構成が理想的といわれています。

- **主だった投資家は５～６社**
- **そのうち２～３社が大株主**

米国やグローバルに展開する著名VCは、こうしたキャピタル・デザインを想像以上に重視します。加えて、既存の投資家らが、以前のラウンドで、持ち分を維持する以上に追加投資しているかどうかは、最重要なチェックポイントとなります。

日本の投資家にはやや理解しがたい点かもしれませんが、VCは有望な投資先にどんどん投資を集中していかなければ、必要なリターンを上げることはできません。VCの成功に向けて必要なのは分散投資ではなく、集中投資なのです。スタートアップに投資することは、S＆P500に投資するよりもはるかに高いリスクを取ることを意味します。LPは、その分、高いリターンを要求します。

このセオリーからすれば、どんどんフォローオン投資をされていないスタートアップは、「有望な投資先ではない可能性が高い」と見なされてしまいます。中身をよく知った既存投資家が「この会社には価値がない」と見切りをつけた投資先だと、新規の投資家から判断されてしまうのです。

VCに求められる計画性

VCが追加投資をしていくためには、投資先の資金ニーズを適切に予測する必要があります。もちろん、VCは新規の投資もするため、ファンドにあるお金をどう振り分けていくか、合理的な計画を立て、状況に応じて動的に調整する必要があるのは言うまでもありません。

この点が、いわゆるクラウドファンディングのような投資とVC投資の最大の違いといってもよいでしょう。スタートアップ側にとって、ラウンドごとに新しい投資家を集めて回るのは時間もコストもかかり本業に集中できません。大部分を既存投資家から調達しつつ、彼らの助けを借りながら新規の投資家を数社のみ迎えるのが理想的です。

キャピタル・デザインのグローバルスタンダード化は、最も重要であり、早期に実現すべきことでしょう。

投資家としてのVCの資質

VCに求められるもう１つの重要な資質は、スタートアップの成長に対して投資家として適切なサポートをすることです。一般的なケースは、そのスタートアップのボードメンバー（社外取締役）になり、経営陣が望むサポートを提供し、経営に関するアドバイスをします。

社外取締役といっても、かなり具体性のある付加価値をスタートアップ経営陣から暗に求められます。ボードメンバーとしての成果はしっかりと見られ、業界に伝播します。経営課題を深く理解し、ボードメンバーとして信頼を得れば、経営の一員として重宝されるようになります。

ボードメンバーになるということは、所属VCの代表として、その価値を示すことにほかなりません。ボードメンバーとしての評判を確立すると「ぜひそのVCからボードメンバーを出してほしい」と他のスタートアップからも依頼を受けるようになります。当然、逆もまたしかりで、ボードメンバーの依頼が来なくなるVCもあるわけです。ボードメンバーになるかどうかは、出資比率で決まるわけではなく、スタートアップやほかのVCの要望によるのです。

ボードメンバーの選定ポイント

- **ボードメンバー（社外取締役）に入るかどうかはスタートアップ側が判断**
- **ボードの仕事は、所属VCの代表として具体的に価値貢献をすること**
- **ボードメンバーとして評判が高まると、別の投資案件でもアサインされるようになる**

投資家としてボードメンバーになった際にどう振る舞うかについても、トレーニングが必要です。カウフマン・フェローズでも、講義やディスカッションなどを通じたトレーニングに多くの時間を割きます。各VCでも、若手はシニアクラスの経験豊富なパートナーのボード活動をサポートしながら経験を積みます。

また、米国では経営者としての振る舞いを叩き込むコーチングの専門家が存在します。有力なスタートアップ経営経験者やHR専門家がコーチングサービスを提供していて、VCはこうしたコーチと契約して若手人材を育成します。

投資先のボードメンバーとして活躍するためには、基本的な知識やノウハウは必須であり、これは学べるものです。基礎を学んだうえに実地経験を積んで、独自のノウハウを得ていきます。付加価値の提供やボードメンバーとしての振る舞いについては、第4章「ベンチャー・キャピタル7つの機能」の「5 付加価値の提供」「6 良いボードメンバーとして投資先を適切にモニターする」を参照してください。

ボードメンバーの席は、決して投資金額に対する見返りではないし、また、スタートアップをモニタリングするための席でもありません。したがって、経営情報を受け取るための地位でもないのです。日本では、経験が薄い人材がボードメンバーとしてVCから送り込まれるケースがあり、場合によっては出資額に応じて「オブザーバー」として取締役会の議論を無言でモニターする人が送り込まれることもあります。

ボードメンバーとしての基礎ができていなければ、取締役会の場で細かな数字のチェックばかりしたり、自らの上司に提出するレポート作成のために追加で資料を求めたりといった、一般的な作法から見ると非常に奇異に映るような振る舞いをしかねません。もし海外VCがこのような場面を目撃すれば、不安を感じることでしょう。同じスタートアップに投資することをためらうことにつながるかもしれません。

良いボードメンバーとしてスタートアップの経営陣に貢献する人材育成の仕組みも、VCの国際化には重要な点となります。

ボードメンバーのNG行動・認識

- ボード就任を出資の見返りと認識する
- 投資先を「モニタリングする」と認識する
- 取締役会で細かな数字のチェックに終始するなど、基礎的なトレーニングができていない

契約のグローバルスタンダード

もう１つ、海外のVCが日本のスタートアップに投資するうえで問題となるのが、契約の特異さです。日本においては、「交渉によって有利な投資契約書にする」ことが投資家の仕事であるという認識が色濃く残っています。「投資家としてリスクを回避したい」「社内説明に役立つ」といった理由からか、一方的にスタートアップに不利な契約条項が一般的に存在しています。

たとえば、以下のような契約条項が見受けられます。

日本でよく見られる特異な契約条項

- 上場の時期の努力義務
- 指定したKPIに基づく株式買取請求権（スタートアップに株式を買い取らせる）
- マネジメントの採用や資本政策に関する独占的な決定権
- イグジット発生時のプレミアム付き優先売却権（M&Aが発生したときに高値で売却する権利）

海外VCは多くの場合、不平等な契約を押し付けられたスタートアップに対し、自分たちに見えていない瑕疵（かし）があるのではないかと判断して投資を躊躇します。

また、通常は投資契約は長期の契約なので、契約期間の途中で関連法規の改正、何らかの訴訟など、予期しないリスクが顕在化する恐れがあります。

できるだけ一般的な条項で構成したほうが、リスクに対応しやすいのです。日本独自の条項や、個別の投資家の事情を勘案した契約条項は、それだけで海外投資家を遠ざけます。

基本的には、投資契約はラウンドごとに踏襲されます。初期のラウンドで見慣れない契約条項が入ってしまうと、のちのちまでスタートアップを苦しめることになり、当然、既存投資家も苦しむことになります。VCみずからがスタートアップの成長の芽を摘む行為に等しいのです。

ジョブローテーションが要因?

日本のVCが交渉によって有利な契約を獲得しようとしがちなのは、ジョブローテーションの影響があるかもしれません。CVCや金融機関傘下のVCだと、担当者が数年単位で異動する可能性があります。1回の契約で「成果」を出したほうが、社内での評価は高まるでしょう。5年後の投資先の姿を見据えた契約をするのは、なかなか酷かもしれません。加えて、後ほど指摘するように、VC投資の現場を知悉した法律家など専門家インフラが不足していることもあるでしょう。

投資家側とスタートアップ側に分かれて、契約上の有利・不利を争う性質のものではありません。だからこそ、スタンダードな契約フォーマットに従うのが最善なのです。フォーマットは、単なる前例主義ではありません。試行錯誤の蓄積です。世界をけん引するスタートアップを無数に生んできた成功フォーマットを真似ることが、第一歩だと考えます。

以上のような問題から、日本のスタートアップは海外VCの投資検討の俎上に載っていません。ただ、知識と努力で解決できる問題でもあります。知識と努力だけでスタートアップのビジネスがうまくいくとは限りませんが、キャピタル・デザインや契約のグローバルスタンダード化は、やろうと思えばできることです。

6 日本のVCの構造的な問題点

ここからは、日本のVCに勝ち組が生まれない理由について、構造的・制度的な側面と、文化的な側面の両方からもう少し掘り下げたいと思います。構造的・制度的な問題点として挙げられるのは、VCの適切な評価が制度として確立されていないこと、CVCの乱立、VCをサポートする専門家などのインフラが脆弱なことです。

「VCベンチマーク」の注意書き

日本ベンチャー・キャピタル協会（JVCA）のホームページには「国内VCパフォーマンスベンチマーク」[73]という調査が掲載されています。オルタナティブ投資の国際的なデータ提供会社であるプレキン社と共同で、120のVCファンドのリターンをファンド組成年ごとに算出していて、VCの総合的なパフォーマンスを知ることができます。株式や債券など伝統的な金融資産以外のオルタナティブ投資先としてのVCの魅力を知るうえでベンチマークは便利なデータです。しかし、調査の詳細を読むと、以下のような注意書きがあることに気づきます。

必ずしも国際基準での公正価値評価に準拠したパフォーマンス指標ではないため、本ベンチマークは国際比較には適していません。

リターンの計算のために、ポートフォリオの時価評価をするのですが、評価方法として「国際基準に準拠した公正価値データを最優先」しているものの、すべてのファンドが公正価値を算出しているわけではないようで、「国

73　https://prtimes.jp/main/html/rd/p/000000012.000054135.html

内VCの時価評価慣習に従ったデータ」が混在しているようです。

さらに、それもないファンドもあり、その場合は「180日以内のエクイティ・ファイナンスに利用された直近ファイナンス価額でポートフォリオを再評価」しているとのことです。確かにこれでは、国際基準での公正価値評価に準拠したパフォーマンス指標ではなく、国際比較はできません。

2020年版国内VCパフォーマンスベンチマークの対象になっているのは120ファンド、市場カバー率は60%です。JVCAのVC会員企業が2000年12月以降に設立したVCファンドのうち、純投資目的で第三者資金を運用しているファンドのみを調査対象にしているとのことです。つまり、CVCなどは調査対象になっていません。

他人のお金を運用するVCファンドにすら、ポートフォリオの公正価値評価をしていないファンドがあることには違和感を覚えます。「適切な評価にさらされない」という状態は、構造的な問題の出発点になっているように感じます。

そもそも金融は、資産価値を合理的に算定する工夫を繰り返すことで発展してきた業種です。VCに「スタートアップ企業だからバリュエーションはできない」と言い訳することを許している状況では、株式などほかのアセットクラスのような発展は望めないのではないでしょうか。

先に言及したように、米国では四半期ごとに公正価値評価をして投資家(LP)にレポートします。プロとして緊張感を持ち、合理的説明ができる再現性の高い投資判断につながり、これを繰り返すことでノウハウが蓄積されます。

第三者の資金を運用するVCが公正価値評価にさらされていないのであれば、この調査の対象となっていないCVCは、なおさらきちんとした評価はできていないかもしれません。適切なVCのパフォーマンス評価を制度面で担保することは、VC高度化の第一歩です。

CVCの問題点

日本の業界構造上、比較的小規模なCVCが乱立しています。これは、そのままスタートアップの調達額の小粒さにつながっていると見られます。2021年のスタートアップの資金調達額は１件当たり平均で4.7億円にすぎません。3.3億円という数字も一部の大型資金調達に引っ張られているためで、中央値で見ると1.1億円です。米国においてもそれなりの数のCVCがありますが、CVCによる１件当たりの投資額は5200万ドル（60億円超）、中央値でも1700万ドルです。

なぜそうなるのか。日本企業がCVCを設立する本音が垣間見えるのが、ある証券会社のアナリストから聞いた話です。成長余地の少ない企業が決算のIR説明会で成長戦略について尋ねられると、経営者は口をそろえて「CVCをつくってイノベーションにコミットする」と答える、というのです。おそらく、こう答えるとそれ以上突っ込まれないためです。同じ話を経済紙の記者もしていたので、事実に近いのでしょう。

大手企業が、研究開発の「アウトソーシング」のような認識で始めたCVCであれば、小粒の案件でも十分なのかもしれません。ベンチャーの技

図表5-7　**日本のCVCの問題点**

- 投資額が小さく、親会社の意向にも左右されやすいため、安定したフォローオン投資も期待しにくい
- 投資先の事業展開がCVCの親会社の本業との相乗効果に縛られ、成長余地が狭められる
- 必ずしも専門的なスキルを持っているわけではない親会社の従業員が、人事異動でCVCに配属される。必要最低限の機能を担う人員がいない
- 親会社の本業との相乗効果など経済的リターン以外に目が向き、プロとしてのノウハウが蓄積されにくい
- 結果としてノウハウがたまらないまま、小粒な投資とイグジットが業界で繰り返される

術をいくらか吸収し、小粒であっても幸運にもイグジットすれば満足できます。

この場合、スタートアップは十分に資金を確保できないため、赤字を出しながら急成長していくことは難しくなります。CVCの側が「金銭的リターンは度外視」という認識であれば、本来は金融のプロの一端を担うVCとして最低限のノウハウが蓄積されることはないでしょう。

また、ベンチャーの技術が「CVCの親会社の本業との相乗効果」という狭い分野に向かってしまい、成長機会を妨げる可能性は十分にあります。CVCは、スタートアップと個別に交渉し、投資契約とは別に特別な契約「**サイドレター**」を交わすことがあります。CVCの親会社の本業との相乗効果創出が主な目的です。

サイドレターは、スタートアップの事業展開を縛る結果になりかねません。投資家間のインセンティブ体系を複雑にし、さまざまなトラブルのもとにもなります。リーガル・コストの上昇にもつながります。有力なスタートアップであれば、サイドレターを要求する投資家には寄り付かないのではないでしょうか。米国にもサイドレターはありますが、契約書の表現の確認のための場合がほとんどです。米国の投資契約は非常にシンプルです。

CVC立ち上げの近道

大手企業にとって有望なスタートアップと協業する手段は、CVCだけではありません。本体からの直接出資や、LPとしてVCファンドに参画する方法もあります。スタートアップとの連携効果を最大化するためにはどのような体制を採るべきか、まずは基本的な議論が必要です。

実効性の高いCVCを立ち上げるには、高いハードルがあります。以下に、CVCの立ち上げについて考えるべき点をまとめます。

まず、CVCに必要不可欠なのは、VCの業務経験者の採用です。しかし、会社としてスタートアップとの連携実績・投資実績がなければ人材は集まりません。ですから、先に具体的な連携や投資実績を作ることこそが、遠回りに見えて最も近道です。

実績を作る具体的な方法として、以下のことが考えられます。

① バランスシートから直接投資をして、スタートアップとの連携を成功させる
② 実績あるVCファンドにLPとして投資し、情報の連携を図る

LPとしてVCファンドに投資するのは、実績を作るうえで有効な手段です。さまざまな情報に触れられ、また人脈も築けます。VCから、投資先スタートアップとの連携話が持ち込まれることもあるでしょう。

十分にスタートアップとの連携実績ができれば、次は人材の採用です。VCの業務は専門性が高く、会社内部の人材の異動だけでは必要な人材を賄えないと考えたほうがいいでしょう。VC業務に精通した人材は稀少であり、適切な人材になかなか出会えないものですし、また、有能な人材かどうかを判断することも困難です。採用後も適切な業務環境、権限、報酬を与える必要があります。

グーグルやインテル、ノバルティスなどの比較的成功しているCVCは、年間1000億円以上の潤沢な投資予算があります。それぞれ100人を超えるプロフェッショナルをそろえ、高い給与と投資インセンティブを払っています。それでも定着せず、実績を上げると有力VCに転職したり、自らVCを立ち上げたりします。

これらのCVCは、VC業界においてある意味「登竜門」のようなポジショニングになっており、若い優秀な投資家を引き付けているといえるかもしれません。

羊頭狗肉の二人組合

比較的手軽にCVCを立ち上げる手段として「**二人組合**」と呼ばれる日本独特の仕組みがあります。二人組合の立ち上げ・運用サービスを手掛けるVCが、その会社専用のVCを設立します。ファンドにはほかの投資家(LP)は入らず、2者のみで設立するため「二人組合」と呼びます。

二人組合を複数の事業会社と立ち上げる、「二人組合専門」のVCも存在するようです。要は経験の少ない事業会社がCVCを始めるときのコンサルティングから設立までを“支援”することを生業とするVCです。

米国のVCから見ると、このような形でCVCを設立する事業会社があることも、二人組合サービスを提供するVCが存在することそのものも、極めて奇異に映ります。

二人組合構造は、正確にはCVCではありません。LP1社の「シングルLPファンド」です。対外的に出資金の範囲しか責任を負わないLP投資家であるはずの事業会社が、ファンドの無限運営責任を有するGPであると称しているのは、看板に偽りありといわざるをえません。

二人組合を請け負うVCは、構造的に利益相反を避けられません。通常はリミテッド・パートナーシップ契約(LPA)において、VCはそのファンドの利益最大化のために全力を尽くさなければならないことになっています。GPは広範な投資決定の裁量を与えられている代わりに、LPに成り代わり、全力をもってLPのお金を増やす義務を負っています。ファンド投資と利益相反が起きそうな副業はできず、フルタイムで投資に集中する義務があります。金融業界のごく一般的な**フィデューシャリー・デューティー**(Fiduciary Duty:受託者責任)としてVCに受け入れられています。

VCが二股、三股するような状態は、利益相反の疑いをかけられても反論できません。1つのVCが複数のファンド(二人組合)を設立し運用したとき、パフォーマンスに差異が出たらどう説明するのでしょうか。どちらかの運用は怠けていたことにならないのでしょうか。優良と判断した投資案件について、あるファンドからは投資し、別のファンドからは投資しないとき、どう説明するのでしょうか。

「ファンドによって投資ステージや分野を分けている」という主張で正当化するのは、難しいのではないかと思います。昨今のベンチャー投資のステージの見方は明確な分類が難しくなっています。事業分野についても、横断的なスタートアップは決して珍しくありません。

仮にLPから受託者責任が問題視された場合はファンドの活動停止のような非常に大きな問題を引き起こしかねない事態となります。二人組合スキームを使うくらいなら、単純にLPとしてVCに投資するのが合理的であるように思います。

以前、二人組合の弊害が象徴的に現れた事案を目の当たりにしたことがあります。

米国のスタートアップが資金調達をする際、ある日本の事業会社を株主として新規に迎えることになりました。既存の株主がこれに合意し、スタートアップの取締役会で新株の割り当てが承認されました。

めでたく日本の事業会社とスタートアップが正式に投資契約を結ぶ段になって、契約書のひな型が上がってきました。契約書の最後にある契約主体に、まったく知らないVC名が記されていて、関係者一同が大騒ぎになりました。日本の事業会社が株主になるものだと思ってさまざまな交渉・手続きが済んでいたのに、突如として名も知らぬVCが契約相手として現れたのだから、驚いて当たり前です。

契約主体となっていたVCは、事業会社とともに二人組合として立ち上げたVCであり、GPとして契約主体となっていたわけです。事業会社にしてみれば、実質的には直接投資であるという認識かもしれませんが、当然、契約主体が違うのだから投資契約が通るわけがありません。非常識だと言われても、仕方ないでしょう。

スタートアップ経営陣や既存株主に迷惑をかける結果となり、事業会社の信用も傷ついてしまいます。二人組合はグローバルに通用する仕組みではないことを、十分に認識しておくべきです。

二人組合が生まれた背景

日本において、GPやLPの法的な立場が明確になったのは1998年に「投資事業有限責任組合契約に関する法律（有責法＝LPS法、2004年改正）」が成立してからです。VC投資の組織的な枠組みが、このとき初めて法的に整理されたといえます。

ところが1990年代には、LPS法成立に先立って銀行がVC投資に乗り出していました。銀行には業務範囲規制があるため、子会社を設立してCVCを始めました。法的に未整備だったため、VCファンドは任意組合の形で組成されました。当事者が出資をして共同の事業を行う組織です。お金の出し手（LP）が執行もする（GP）という意味で、LPとGPの区別がありません。出資者全員が投資判断に参加するため、全員が無限責任を負うことになります。

銀行が業務範囲規制への適応のため子会社においてCVCに乗り出し、しかもそれがVCファンドに関する法的な整備がなされる前であったため、フライング的にいびつな形でCVCが誕生したのです。これは、1914年に化学メーカーのデュポン（Du Pont）が創業間もないゼネラル・モーターズ（GM）に出資したことがCVCの源流とされる米国と大きく異なる点です。

そのような状況で、無限責任を持つGPと有限責任のLPという2種類のパートナーシップをファンド構造に適用するのは難しく、類似のものとして民法上の組合を当てはめざるをえませんでした。結果として、GP・LPの区別がされることなく曖昧な形で二人組合の実務が始まったといわれています。今に至っても、国内のCVCのファンド構造はまちまちで、分かりにくいものになっています。

さまざまなインフラの不足

日本において、VCを取り巻く専門インフラが不足していることも問題点として挙げられます。公正価値評価が普及していないこともインフラの遅れといえますし、このほか、弁護士事務所や会計事務所などVCのサポート役についてもスタートアップを専門とする人はほとんどおらず、業界のスタンダードが確立されていません。

たとえば米国の場合、VCの顧問をする弁護士事務所は、ガンダーソン・デットマーという法律事務所がトップファンドのシェアの７割ほどを占める[74]といわれています。

このため、投資契約書など法的文書はガンダーソンなど3、４社の方式が事実上の標準となっています。どのVCも契約書の構造が分かっていて、どこが大切かも分かります。トリッキーなものはありません。タームシートで契約の条件を詰めた後は、契約書の細かい部分で弁護士のレビューが必要なく、余計な気を使わなくてよい仕組みになっています。

VCの会計についても同様の構造があります。４大会計事務所の中でもVCはプライスウォーターハウスクーパース（PwC）に会計業務を依頼する割合が非常に高いようです。PwCの中でもサンフランシスコオフィスとボストンオフィスを中心にVC独自の会計を理解したごく少数のパートナーが担当しています。

銀行関連の業務に関しても、シリコンバレー・バンクやコメリカ・バンク、ファースト・リパブリック・バンクがVC業務のインフラになっています。たとえば、**キャピタルコール**[75]と投資実行のギャップを埋める**ライン・オブ・クレジット**という短期借入をVCに提供しています。投資契約に適合した専門的な送金対応ができます。利率やサービス費用が必ずしも安いわけではあ

74　ガンダーソン以外でも、クーリー、ウィルソン＆サンシーニなど3、4社に限られ、専門化が進んでいる。

75　VCはファンド内にまとまった現金を置かない。スタートアップへの投資が決まると、VCはLPに対し（出資枠の範囲内で）必要な現金を送金するよう求める。これをキャピタルコールと言う。キャピタルコールを発してから着金するまでのタイムラグを埋める短期融資としてライン・オブ・クレジットが使われる。

りませんが、業務の特殊性を理解しているが故にVCに重宝されています。

専門インフラの重要性

VC業界は規制の変化が激しく、規制の変化にタイムリーに対応する必要があります。一般にVCは３～４年ごとに新しいファンドを組成しますが、そのたびにLPとの投資契約の条文のうち３～４条項は、新しい規制や会計基準の見直しに対応する必要があります。

2015年以降に大きく変化があったのは**FACTA**（Foreign Account Tax Compliance Act：外国口座税務コンプライアンス法）と呼ばれる海外取引に関する規制です。ケイマン諸島などオフショアのファンド活動に関するレポート義務や規制が強化され、VCの投資活動が制約されることになりました。このため、少なくともシリコンバレーの有力VCは、2018年以降はケイマンではなくデラウェア州[76]でVCファンドを組成することが圧倒的に多くなりました。

米証券取引委員会（SEC）など当局への登録、会計基準の見直し対応、規制変更に伴う契約書の改正など、VCの通常業務を適法に行うだけでも高い専門性が必要です。弁護士事務所や会計事務所、銀行などの専門家インフラの支えがなければ、知らぬ間に法令違反や業務への実害、LPとの紛争に発展する恐れがあります。

米国で進むVCの専門化・高度化に、日本もできる限りキャッチアップすることが、最終的にはVC業界の発展につながると考えています。米国のVCがオルタナティブ投資先の一角として確固たる地位を築き、尊敬される存在になっているのは、厳格な規制対応など地味で地道な努力があるからです。

76　米国内で税務上のメリットが大きい州の１つ。

グローバルスタンダード視点の重要性

適切に専門家インフラを使えば、防げたはずのトラブルも出てきています。

日本のある事業会社「A社」がVCに投資するファンズ・オブ・ファンドを組成しました。最初の投資先となったのは、ユニークな戦略を持つ、生まれて間もないVCファンドでした。新しいVCファンドに投資すること自体は、素晴らしいリスクの取り方だと思います。

しかし、この投資に際してA社が雇った弁護士や会計士は、恐らく適切な専門知識を持ち合わせていなかったと思われます。米国の投資契約には一般的に盛り込まれている「ECI[77]」や「PFIC[78]」が抜け落ちたまま契約が成立してしまいました。

このVCファンドにとって、A社が初の出資者であったため、投資契約は後から入ってくる投資家のベンチマークになります。不備のある契約書が結ばれている時点で、投資を見送る投資家もいるかもしれません。

本件に関しては、もちろん一義的な責任はVCファンド側にあります。しかしA社にも、最初の投資契約の条件をセットする投資家としては十分な専門性がなかったと言わざるを得ません。このようなエピソードほど業界内で噂になるもので、「日本の事業会社は必要なレビューができない」という評判が立ってしまうのもよくありません。

門外漢だったころの苦い思い出

私はカウフマン・フェローズ・プログラムを修了後に帰国して、何人かの帰国組とともに三菱商事でインキュベーション・ファンド「イノベーションキッチン」を立ち上げました。このファンドで苦い思い出があります。

ある日本のスタートアップに投資する際、弁護士事務所を入れて投資契約を作成しました。私たちは契約に独自のプロテクション条項を入れ込みまし

77　米政府に対する税務手続きを投資家が回避する条項。
78　税務報告義務に対応するための会計基準に関する条件。

た。アセットの評価に関連する特殊な合意です。弁護士事務所からもGoが出て、契約に至りました。

ところが、その投資先スタートアップが次のラウンドで米国のVCを入れることになった際、このプロテクション条項が問題となりました。一般的でない条項だったからです。投資契約には型のようなものがあり、新しく入ってくる投資家は、型から外れる条項を警戒します。アセットの評価に関する条項だったため、彼らからすれば本当に正しいバリュエーションがなされているのか疑問に思うのは当然です。

相対の契約において法的な齟齬はなくとも、業界慣行から外れる条項を入れてしまうと、後のラウンドに影響するのです。結局、投資先のスタートアップは、投資契約を無効化するために減資を余儀なくされました。リーガルフィーをはじめとする金銭的コストや時間的コストを浪費することになったのです。

このエピソードは、いかに専門家インフラが重要かを示しています。当時入っていた弁護士事務所は、三菱商事も使う大手事務所です。それでも、スタートアップに精通していないと、このような問題が起こってしまうのです。

7 日本のVCの文化的な問題点

次に、文化的な、ややミクロな問題点について考えてみます。

第４章において、VCの７つの役割とポジティブ・サイクルについて述べました。７つの役割とは、①投資先へのアクセス、②バリュエーション、③投資条件を詰め投資判断、④付加価値の提供、⑤投資先のモニター、⑥追加投資とイグジット戦略策定・実行、⑦LPなどへのレポート作成です。この役割をVCが果たすことにより生まれる好循環（**図表5-8**）について、再度、考えてみます。

図表5-8　VCの好循環

① 起業家と投資家がVCを信頼し意思を通わせ、適切なバリュエーション、資金調達計画を立てる

② 有力なVCが中核投資家として継続的に追加投資をし、ラウンドごとに少数の異なる付加価値を提供するVCが加わっていく

③ 起業家がVCの協力を得ながら、経験の豊富なマネジメントチームを集める

④ 同じ業界・分野で良いベンチャーと協業実績がある「賢いユーザー」や「賢いパートナー」を得る

⑤ 価格競争に巻き込まれず、ユニット・エコノミクスを保ちながら高成長を続ける

⑥ IPO市場で評価される条件で上場し、公開マーケットからも評価され成長を続ける

日本のVCにおいてポジティブサイクルが回らず、勝ち組が育たない要因には、次の３点が挙げられると思います。

(A)　スペシャリストに対する過小評価
(B)　小さな組織に対する過小評価
(C)　“VC的なこと”をやりたい人たちによる、自社経営層に対する意図的な情報操作

まず(A)(B)についてですが、日本人は、「有名な大企業に勤めている人は優秀に違いない」「何でもできるに違いない」と、有名で大きな組織に対するほとんど盲目的な信頼を持つ一方、無名の専門家に対して無関心です。会社組織では、マーケティング、経理財務、人事といった本来専門性が要求されるような分野ですらジョブローテーションをし、ゼネラリストを育てます。

結果として、大企業の勤務経歴を持つ人がVCに入り、成功するかといっ

たら、まったくそうではありません。事業会社で「優秀」な社員でも、子会社のCVCで通用するか分かりません。当然のことですが、VCには専門的な知識と長い経験が必要なのです。

大企業の「優秀」な人材が、経営支援の一環でベンチャー企業に送り込まれるといった人材交流があります。しかし、現在の複雑化した競争の激しい時代において、必要な機能に対する専門性がない人がその機能を担えるはずはありません。

有望なスタートアップを30分のプレゼンテーションで見極めることができないのと同様に、専門性のない人材がVCの仕事をこなすことはできません。さらに、有望なスタートアップに派遣されたところで、満足な機能を担えるわけがないのです。

もちろん、大企業の中にもイノベーション分野で活躍できる人材はいます。長い間コツコツと専門性を高め、グローバルにみても認められる実績を作っている人材です。非常に残念なのは、このような人材が必ずしも組織内で評価されるわけではない点です。実績をあげても別の部署に異動するケースが多々あります。組織内部でも専門家、専門性を高く評価することが非常に大事だと感じます。

おいしいポジション

次に(C)「“VC的なこと”をやりたい人たちによる、自社経営層に対する意図的な情報操作」というのも、深刻な問題だと感じています。

VCは、投資の最終的な結果が出るまでに10年かかります。その間に、3～4年ごとに新しいファンドを組成するため、最初のファンドの結果が出る10年後までに3号ファンドまで立ち上げられます。いったんファンドを始めると基本的には途中で精算することはないため、担当者としては1号ファンドを開始してから3号ファンドの運用が終わるまでの都合20年間ほど、安定的なキャリアを歩むことができます。ビジネスマンとしては、魅力的なポジションです。

一度このポジションを手に入れると、「実力」を正確にトラッキングされる客観指標は都合の悪いものとなります。数値で投資先を管理し、定期的に厳格な基準に基づいたレポートを投資家に対して発行するような習慣は、遠ざけたいものです。第３章で言及した「国内VCパフォーマンスベンチマーク」に象徴されるように、公正な時価評価が日本では普及していません。起業家のプレゼンテーションを見て「人間性」で投資を判断するといった曖昧な投資基準は検証不能であり、VCらしきことをやりたい人々にとって好都合な基準です。評価にさらされないからです。

もとより社会全体に「ベンチャー投資は成功しないのが当たり前」というコンセンサスがあり、VCまたはCVCが自身の実力を隠蔽しやすい素地があります。この素地に乗じて、VCとしての実力の定量的な検証ができない状況を作り出しているとしたら、日本のVC業界の先行きは暗いかもしれません。

この現状が、メインストリームの機関投資家との距離を遠ざけ、長期のまとまったリスクマネーの流入や人材の流入を妨げているように感じます。VC投資アセットに関しても、ほかのファンドアセットと同様にバリュエーション、パフォーマンス、制度、契約書に関する規制やガイドラインの整備を進め、プロフェッショナルなアセットとして評価できる構造を作っていくことが業界の健全な発展に不可欠だと考えています。

経営者の責任

多くの経営者が自分の会社名義でCVCを運営することに高い価値を感じていると聞いています。ノウハウがないにもかかわらず、とりあえず社内の人材を異動させてCVCを立ち上げたり、ほとんど中身が分からないまま二人組合スキームに乗ったりしています。

経営者がイノベーションに対して関心を持ち、成長戦略として経営資源を

CVCに割り当てることは大変素晴らしいことです。ただ、「イノベーションに積極的」というイメージのために組織や仕組みだけを作っても、失敗することは目に見えています。

通常のビジネスでこのようなことをすると、経営者は批判されるはずです。なぜCVCは、無謀なプロジェクトであっても責任追求されないのでしょうか。日本のVC業界の問題点の1つは、プロジェクト自体に無理があるにもかかわらず、失敗の要因をスタートアップの業界リスクに転嫁してしまっていることだと思います。

正しいプロセスを経ずに性急にCVCを立ち上げる経営者には、大きな責任があると思います。それが結果としてスタートアップ業界やVC業界の信頼を損ね、機関投資家との距離を広げる結果になっていることは非常に残念と言わざるをえません。

8 成功するVC投資に必要なこと

VCに必要な打率は?

これも一般的なVCのイメージと異なるかもしれませんが、米国の著名なVCの投資先は、かなりの確率で「投資成功」と評価できる成長をしています。決して「千三つ」や「3割当たれば上出来」ではありません。

これは、冷静に考えると当たり前のことです。先に述べた通り、VC投資は債券投資や上場株のインデックス投資に比べてリスクの高いアセットです。また10年以上は資産が固定されることになり、流動性の観点でもコストを伴います。上場株式のインデックス投資は一般的に年率5～6%のリターンを生むため、VC投資には少なくとも年率8～12%のリターンが要求されます。これは、10年間の複利で2～3倍になります。

では、10年で2～3倍のリターンを生むには、どれくらいヒットを飛ばさなければならないのでしょうか。

ここで、１億ドルのファンドが、10年で２億ドルになるケースを考えてみましょう。

【1億ドルのファンド】

投資に使えるお金

1億ドル　－　マネジメントフィー2%×10年　＝　8000万ドル

8000万ドルを2億ドルにするには…

8000万ドル　×　投資先の5割　×　5倍　＝　2億ドル

１億ドルのファンドには、VCへのマネジメントフィーが年間２％、それが10年分かかります。実際に投資できる額は8000万ドルなのです。

この8000万ドルを原資に10社に投資して、そのうちの５社がゼロになり、残り５社が５倍になると、これでようやく２億ドルになります。３億ドルを目指すと、５社が約８倍になる必要があります。3割の打率では元本割れとなります。

3割の打率で3倍だと…

8000万ドル　×　3割　×　3倍　＝　7200万ドル

「10年で2倍」の成績を達成するVCの目安は……

投資先スタートアップの5割以上が5倍以上

VCの成功は大まかに「５割以上が５倍以上」です。かなり高いハードルと言えるのではないかと思います。

そして、これはフォローオン投資が大切であることに関わってきます。

上記で説明したようにVCの成功には非常に高い成功のハードルがあります。しかしながら、当然、スタートアップ投資には高い不確実性があります。どんなに合理的な投資判断をしても、最初から5割の投資先を当てることは不可能です。

フォローオン投資は、いったん投資したスタートアップを内部から分析し、うまく経営しているところに、より多くの資金を割り当てることです。不確実性の高いスタートアップ投資の成功率を上げる、独特のメカニズムともいえます。

投資家になって以降に得られるデータの質と量は、まったく異なります。投資家になってこそ得られるデータを分析することで、ビジネスの強さや今後の資金ニーズ、イグジットの予想ができます。VC側のモデルデータと、スタートアップから直接取得した実データの精度はまったく違います。

成功可能性の高いスタートアップを正確なデータであぶり出し、投資資金を集中させていくことで投資のヒット率を劇的に上げることができるのです。

従って、フォローオン投資をしっかりしないVCが安定した成果を上げることは極めて難しいといえます。適切なフォローオン投資はVCの投資成績を上げ、安定させるのです。

フォローオン投資をする際に必要な主な分析は、以下のようなものです。

フォローオン投資を検討する際に必要な分析

- **投資先は今後、どのくらい資金ニーズがあるか（いつフォローオン投資が必要か）**
- **次回のフォローオン投資は、どれくらいの持ち分でいくら投資すべきか**
- **いつイグジットするか（投資資金の回収はいつか）**

当然、ファンドにあるお金は限られていますし、限られたお金を最大限使わなければ（LPから集めたお金を余らせてしまえば）パフォーマンスは低下します。投資先スタートアップの資金ニーズを見つつ、フォローオン投資が発生するタイミングを想定し、ファンドの資金計画を立てる必要があるのです。

こうした想定をするため、投資先のどのようなデータをウォッチすべきなのか。そのデータの動きに応じて、どのように計画値を修正すべきなのか。フォローオン投資以外の新規投資先は何件できるのか。その新規投資先のフォローオン投資はどうするのか。イグジットして資金が返ってくるのはいつなのか。ファンド全体の投資先を管理し、その先を考える必要があります。

こうしたノウハウは、VCファンドで長く経験を積むほか、得ることはできません。そうした人物をファンドマネージャーとして据えなければ、適切なフォローオン投資はできないでしょう。

適切なフォローオン投資をする能力のあるVCで株主を構成するスタートアップは、海外VCの投資検討の俎上に載ります。フォローオン投資をするVCは、後のラウンドで新しい有能な投資家を呼び込み、それがさらにビジネスを拡大させる好循環に入ります。たとえば、シリーズAから入っている既存投資家が、シリーズCのラウンドで、スタートアップの国際展開を支援するためにSozoベンチャーズを呼び込むといったことがあります。

日本のスタートアップが国内市場で評価されにくいビジネスを展開していても、海外VCを呼び込めば、高いバリュエーションで大きな資金を得られるばかりか、海外市場での展開を海外VCとともに模索するチャンスも出てきます。それに見合った優秀な人材を紹介されることもあるでしょう。

このような国際化の好循環は、2000年以降に欧州などで実際に起こったことです。欧州において、スタートアップ投資は劇的に成長していったのです。

9 ヨーロッパ、南米、東アジアが迎えたVCのグローバル化

ヨーロッパの劇的な変化

ここまで、日本のVC投資のスタイルが、グローバルで見てやや特異であることを概観してきました。しかし、これは決して日本固有のものではなく、欧州など他の地域でも見られることだったのです。それが変わったのは2000年以降です。今では、北欧を含むヨーロッパや南米、アジア地域でユニコーンが多数生まれるようになりました。筆者は、日本でも同じような劇的な変化を起こせるのではないかと考えています。

本節では、2000年代初期に欧州で何が起こったのかを解説し、日本への示唆にしたいと思います。

カウフマン・フェローズで進んだ多様化

筆者は2007年にカウフマン・フェローズ・プログラムに参加しました。実は2005年まで、カウフマン・フェローズ・プログラムは米国内のVC出身者のみを受け入れ対象としていました。CVCや海外からの参加は、受け付けていなかったのです。

というのも、一般的に1990年代から2000年はじめごろまで、VCは「地場産業」と考えられていました。VCにグローバルスタンダードがあるわけではなく、地域固有の文脈で活動するものだとされていたのです。企業によるスタートアップ投資に関しても否定的でした。VC業界に無知な人がやる、迷惑なものととらえられていたからです。やや排他的な考えだったのでしょう。

これを変えたのが、現カウフマン・フェローズ名誉会長で、Sozoベンチャーズの共同創業者でもあるフィル・ウィックハムでした。彼は2005年にカウフマン・フェローズの3代目CEOになって以降、米国外出身者と、

VC以外の多様な人材に門戸を開きました。CVCはもちろん、LPや政府の政策担当者、研究者らもフェローとして受け入れたのです。

たとえば、2006年にはインテルやノバルティス製薬のCVCがフェローになりました。米国外からは、シンガポール、メキシコ、カナダ、イスラエル、スウェーデン人をフェローとして迎えました。その海外人材１期生、すなわち筆者の1年先輩の中にいたのが、スウェーデン人のステファン・ファーガソンとフレドリック・カッセルでした。当時、30代前半でした。

この2人は、のちにクランダム[79]というVCファンドを立ち上げ、欧州のスタートアップ風景を一変させたのです。

スポティファイの発掘

当時スウェーデンの産業といえば、一般に思い浮かべられるのはイケア（IKEA）とボルボぐらいで、スタートアップやイノベーションという言葉とは縁遠いエリアと考えられていました。ステファンもフレドリックも、カウフマン・フェローズ・プログラムを受講した当初、VC投資の経験はなかったはずです。

ステファンとフレドリックはカウフマン・フェローズに四半期に１回は顔を出し、レクチャーやディスカッションをこなしながら、クランダムを立ち上げました。カウフマン・フェローズCEOだったフィルはクランダムのアドバイザーに就任し、サポートしました。

筆者はカウフマン・フェローズ在籍２年目に、OBのフレドリックから、スウェーデンの音楽配信会社の話を聞きました。それが、スポティファイ[80]（Spotify）でした。彼が無料のテストアカウントを同級生に付与しつつ、そのユニークなビジネスモデルについて説明していたのを覚えています。その

79　ストックホルムを本拠地とするVCで、2003年創業。ベルリン、ロンドン、サンフランシスコにも拠点がある。
80　2006年4月創業。現在も本社はストックホルム。米ニューヨーク証券取引所に上場。音楽のストリーミングサービスを展開し、月間アクティブユーザーは4億人を超える（2021年Q4時点）。同3カ月間の売上高は26億8900万ユーロ（約3630億円）と、前年同期比24％増。時価総額は296億ドル（2022年4月1日終値）。

図表5-9 スポティファイの各ラウンドの調達額と主な投資家

シリーズA	シリーズB	シリーズC	シリーズD	シリーズE	シリーズF	シリーズG
$2160万	$5000万	€1160万	$1億	$1億	$2.5億	$5.3億
クランダム	ホライゾン・ベンチャーズ	ファウンダーズ・ファンド	アクセル	ゴールドマン・サックス	TCV	ゴールドマン・サックス

crunchbaseデータより作成

後、スポティファイに2000万ドル超の投資をしたことを彼から聞きました。

そのあとの成長は急激でした。カウフマン・フェローズ卒業生のネットワークで、ピーター・ティール率いるファウンダーズ・ファンドがスポティファイに出資することになりました。ファウンダーズ・ファンドのカウフマン・フェローズ出身者が、フレドリックやスポティファイ経営陣に興味を持ったのです。

スポティファイはアメリカ市場に本格的に進出し、グローバルな音楽配信プラットフォームに成長する足がかりを築きました。この間、わずか1年半ほどです。あっという間の展開でした。

スポティファイが変えたヨーロッパのエコシステム

スポティファイとクランダムは、欧州のVCエコシステムを大きく変えた歴史的なスタートアップです。

まず、最初の投資ラウンドで、クランダムは2000万ドル超という巨額の投資を、シンプルなアメリカ標準の投資契約書で実行しました。たくさんの小口投資家からお金を集めるという欧州で一般的だったスタイルを無視したものでした。結果的に理想的なキャピタル・デザインとなり、これがファウンダーズ・ファンドを引き寄せます。

ステファンとフレドリックは、それまでの欧州方式のVC投資を知らなかったために、素直にカウフマン・フェローズ・プログラムで習った米国方式の投資契約を結べたのではないかと思います。投資サイズや投資契約は、欧州では常識外れのものでした。スポティファイとクランダムが与えたショックは強烈で、カウフマン・フェローズ・プログラムの現役生はほぼ全員が修了したばかりの若きベンチャー・キャピタリストの話題で盛り上がっていました。

クランダムのインパクトは、文脈を理解しなければなかなか実感できませんが、以下のように分解できます。

- **音楽業界というスタートアップ不毛の地で、ユニコーンになったこと**
- **北欧の小国をハブにして国際協調投資が実現したこと**

欧州にはそれまで目ぼしいスタートアップが育っていませんでした。そして、実は音楽業界も不毛の地であり、スポティファイ以前から米国の名だたる起業家が音楽業界に挑み、敗れてきたのです。ここでは深入りしませんが、音楽レーベル、つまりコンテンツ所有者との契約に大きなビジネス上のネックがあったのです。地域・業界、いずれも当時の常識からすれば、うまくいくはずのない投資でした。しかし、スポティファイは巨大な企業に成長しました。

スポティファイの経営陣が素晴らしかったことは言うまでもありませんが、投資サイズ、スタンダードな契約、そしてVC間のネットワークが前提となり、化学反応を起こしたことは間違いありません。

このようなロールモデルが1つできれば、人々の認識は変わります。クランダムに投資したいLPが現れ、投資してほしいスタートアップが集まり、真似をするVCが出てきます。逆に、真似できないVCはLPから見放され、淘汰されます。雪崩を打って、欧州のエコシステムが変わっていったのです。

クランダムに続け

スポティファイの成功以降、シードキャンプなど、米国のVCと連携投資をするVCが次々に立ち上がりました。また、クレジットカルマ（Credit Karma）、クラーナ（Klarna）、ワイズ（Wise）、レボリュート（Revolut）などフィンテックを中心とした欧州発のスタートアップが誕生し、欧州と米国のトップVCのサポートを受けて米市場に進出し、次々にグローバル・プラットフォーマーになりました。

VC投資のエコシステムをうまく回すには、ある意味で依怙贔屓（えこひいき）が有効です。ダメなスタートアップを100社つくっても、その100社は消えてなくなります。数の問題ではないのです。良いスタートアップを1社育てることが、その後のエコシステムを発展させるうえで極めて有効になるのです。

同様の動きは南米でも起きました。世界最大の起業家支援組織エンデバーの支援を受け、カゼックがNotCo、ヌーバンク（Nubank）などに投資。セコイア、リビットといった米国トップVCとグローバルな協調投資を実行しました。南米でもガラスの天井が破られたのです。中国でもGGVが、シンガポールではジェネラル・アトランティックが同様の成功例をつくりました。

これらのファンドにはすべてカウフマン・フェローズ・プログラムの修了生が在籍していました。世界各国で、先輩や同期生が起こす変革のうねりを目の当たりにしたことで、とても刺激になりました。

スポティファイの後日談

筆者がカウフマン・フェローズ修了後、Sozoベンチャーズを立ち上げて数年した頃、フレドリックから筆者に連絡が入りました。スポティファイの日本展開に関する相談でした。フレドリックからハネスという日本語を話せるスウェーデンの日本代表を紹介され、スウェーデン大使館で一緒にお披露目イベントに参加しました。その場で、日本のレーベル幹部とハネスとの会話をサポートしたことは懐かしい思い出です。日本最大の音楽レーベル、ソニーとの交渉に2年間も費やしたのを覚えています。

結局、スポティファイへの投資には至りませんでしたが、スポティファイが巨大なグローバル・プラットフォームに成長し、またクランダムが運用残高1000億円を超える、ヨーロッパを代表するファンドに成長する過程をリアルタイムに見たことは、Sozoベンチャーズを立ち上げる際にも、そして今も、大きな刺激になっています。びっくりするようなロールモデルは、知らぬ間に、瞬く間に伝播し、人に影響を与え、歴史を変えます。

変革が起きた要因

これらの変革が2000年以降に世界各国で一気に起こったのは、なぜなのでしょうか。

１つ目に挙げられるのは、スタートアップが手がけるビジネスの構造変化です。ある分野に特化して世界中で展開するグローバル・カテゴリー・リーダーが国際市場を独占するケースが一般化し、スタートアップにとって、グローバル化こそが早期に取り組むべき重要な経営課題になりました。

2000年以前のスタートアップのビジネスは、インターネットのような新しい産業分野に閉じた、しかも国ごとに市場が成立しうるビジネスだったといえます。Yahoo!のようなディレクトリー・サービスや、アマゾンのようなEC、eBayのようなオークションサービスも、国や地域ごとに異なるサービスが立ち上がり、それぞれがそれなりの規模に育ってIPOしました。「勝者総取り」の競争構造になった2000年以降、多くの資金を調達し、グローバル市場を速やかに取ることが極めて重要になりました。それを支えるため、国際的な協調投資が強く求められるようになったことは、当然の成り行きだったのです。

2つ目は、規制緩和です。ヨーロッパでスポティファイのようなライツ・マネジメント関連のビジネスが立ち上がり、同じくヨーロッパや南米でフィンテックが立ち上がったことは、その地域における規制緩和と無関係ではありません。

欧州には知的財産権に関する、先進的な法規制が整備されていました。リーマン・ショック以降、金融規制が強化された米国に対し、欧州では緩和が進みました。南米では、規制を変更して新しい産業の参入を促し、これがフィンテックの発展につながりました。

そして3つ目として、カウフマン・フェローズやエンデバーのような組織が、国際的な投資家や起業家の連携を促したことも大きいと思います。イノベーションを牽引する業界リーダー候補が相互に連携する人的ネットワークを人工的に作ることに、カウフマン・フェローズは貢献しました。リーダー候補に必要な共通知識、ベストプラクティスの情報を与え、成功事例が積み上がりました。

加えて、グローバル展開に不可欠なダイバーシティを確保したことで、より大きな成果を生んでいます。カウフマン・フェローズがなければ、筆者自身もフィルのような米国で実績がある業界の重鎮とSozoベンチャーズのような新しいモデルは作れなかったでしょう。

変革が起きた3つの要因

①「勝者総取り」の競争構造に対応したグローバル化の要請
②新しい産業を生む規制緩和
③人工的なグローバルネットワーク形成

以上の3点が重なり、スポティファイのような少数のロールモデルが各地域に発生しました。それが周りに影響を与え、雪崩を打つようにエコシステムに変化が起き、産業構造をまったく新しいものに変えていきました。

年金基金の覚醒

ステファンやフレドリックが始めたファンドをアンカー（最初の投資家と

して契約条件を設定）し、彼らをカウフマン・フェローズ・プログラムに送り込んだのは、実はLPです。スウェーデンのリングポール大学の年金ファンドを中心とした大学基金です。

これらの年金は明確に「スウェーデン発のVC産業を立ち上げる」という目標を持っていました。旧来のやり方で地場のVCに資金を提供しても成功しないと考え、カウフマン・フェローズに相談したのが始まりでした。カウフマン・フェローズのフィル・ウィックハムが提案したのが、成功モデルを１つ作ることでした。ファンドを１つ立ち上げ、そのファンドをできる限りサポートし、成功に導くのです。

ファンドを立ち上げ、運営するベンチャー・キャピタリストを育てるため、海外で学んでグローバルな視点があり、ビジネスの経験もあるステファンとフレドリックを選定し、カウフマン・フェローズ・プログラムで学ばせました。これがクランダム設立、そしてスポティファイの成功につながり、やがて雪崩を打つような欧州全体のエコシステム変革に発展していったのです。

ばらまきの弊害

スウェーデンの成功と対極にあるのが、補助金をばらまいてスタートアップを量産することです。数値目標としてベンチャーの創生数を増やせば、確率モデルで成功例も増えるという考えは、スタートアップのエコシステムにはなじみません。結局、うまくいっていないモデルを量産しても成功企業は増えていかないのです。

また、海外のファンドに国がお金を出し、その代わりに日本のスタートアップに投資することを約束させるスキームの議論も出ています。しかし、成功しているファンドに投資したい人はたくさんいます。彼らはLP探しに苦労していません。そのようなひも付きのお金を引き受けるファンドが、果たしてうまくいっているファンドなのかどうか、よく考える必要があります。また、一般的に経験がある機関投資家は、特定のLPが課す投資の制約を認めることはないといってもいいでしょう。そうなると、良いLPが入っているファンドほど、このようなひも付きの投資を受ける可能性は低くなります。

結局、スタートアップ側にお金を出そうが、ファンド側にお金を出そうが、ばらまきでは、うまくいかないモデルの拡大再生産になってしまうのです。

欧州、南米の例を見ると、ばらまきモデルは成功を生まないのは明らかです。成功モデルをしっかりと作り、その拡大を規制緩和や教育で助けるという地道なモデルが成果を上げるのです。

近年、イノベーションやスタートアップに注目が集まっているのは個人的にもうれしいですが、打ち手を間違えると変革は起きません。

10 ビジネスの主流の変化

この章の終わりに、シカゴ大学ビジネススクールの学長との会話を紹介して、ビジネスのメインストリームの変化について触れたいと思います。

筆者は2022年より、シカゴ大学起業家センターのアドバイザーに就任しました。アドバイザーのメンバーにはほかに、産学連携のVCファンドの権威であるアーチ・ベンチャーのキース・クランデルや、バーコードを発明した世界的リテールシステム企業のCEO、マイケル・ポルスキーなど、イノベーション業界の重鎮が並びます。筆者は最年少のアドバイザーです。

なぜ、筆者は選ばれたのか？　管理会計の国際的な権威でもあるマドフ・ラジャン学長に聞いてみました。

シカゴ大学は経済学、ファイナンス、経営学の分野で優れた研究実績があり、ノーベル経済学賞を世界で最も輩出している大学のひとつだ。米国の産業界にさまざまな影響を与えてきた。

しかしながら、この10年で世界のビジネスのメインストリームが大きく

変化した。企業価値トップ20社を見ると、20年前は存在しなかったVCが投資した、20年以内に創業したスタートアップが7割以上を占める。これらの企業は企業価値が数兆円クラスになっても、多くの場合、数十%の売上高成長を続けている。新たなスタートアップへの投資も含め、あらゆるリソースを使って成長を実現し、競争し続けている。

つまり、グローバルなビジネスにおいては、成長を続けるためにスタートアップ投資が重要な経営課題になっている。この点に関しては、シカゴ大学はまだまだ知見も実績も不足している。大変な危機感がある。ノウハウや示唆を得たいと思っている。

あのグーグルですら、売上高成長を支える新サービスのほとんどはM&Aを含めたスタートアップ投資で手に入れているのです。売上高が数兆円を超える企業が毎年40～50％の急成長を続けるためには、投資も含めたあらゆるリソースを総動員して変革を続けなければなりません。スタートアップとの連携や投資は、数十～数百％を超えるリターンを見込める数少ないリソース配分であり、もはや、スタートアップ投資はビジネスの「本業」であり、ビジネスの成長戦略のメインストリームと言っても過言ではないのです。

日本の経営者の中には、スタートアップとの連携やVC投資は、ともすればPRあるいはIR上の話題の１つにすぎないと認識している方もいるかもしれません。VC投資はギャンブルのようなもので、本業に集中すべきだとの意見もあるかもしれません。しかしそれは、閉ざされた国内市場の中、脅威になる競合の新規参入がなく、安定して年率10～20％の売上高成長を目指してきた企業経営の考え方です。

このような考え方には、シカゴ大学のようなトップビジネススクールすら疑問を持ち始めているのです。やがて、日本にも同様の危機感が広がるのではないかと予想しています。日本において、いまだスポティファイが生まれていないことが、認識の差異につながっているのかもしれません。びっくりするような、目の覚めるような、爆発的な、世界的なスタートアップが生まれていないから、スタートアップ投資に本気になれないのかもしれません。

カウフマン・フェローズ・プログラムの重要な信条は、世の中を変えるロールモデルを支援し、社会変革を起こすことです。イノベーションの世界においては、1つの成功モデルがあっという間に世の中を変える流れを生みます。日本でロールモデルとなるスタートアップが生まれ、産業界に大きな影響を与え、大きな変革につながることを期待します。

エコシステム変革へのパスの一例

- **年金基金などのLPがユニコーン創出に明確な目標を設定**
- **VCの中核となる人材のグローバル・スタンダード教育**
- **規制緩和など、ロールモデルとなる成功スタートアップやファンドの支援と呼び込み**
- **模倣によるモデル普及や旧来モデルの淘汰**
- **大企業によるスタートアップとの協業や投資のメインストリーム化**

欧州に起きて、南米に起きて、中国に起きて、東南アジアにもインドにも起きたような変革が、日本でいつ起こっても不思議ではありません。VCがプロフェッショナル産業に脱皮し、グローバル化を実現し、日本の実業界がスタートアップとの連携、投資を重要なビジネス戦略に組み込んでいくようになる良いタイミングに差し掛かっているのではないかと思います。

Interview
特別インタビュー
カウフマン・フェローズ・プログラムの進化

Interview

特別インタビュー
カウフマン・フェローズ・プログラムの進化

ベンチャー・キャピタリストの養成組織、カウフマン・フェローズ。もはや米スタートアップのエコシステムの一部として根づいたともいえる、世界的にもユニークな組織です。カウフマン・フェローズはどのように誕生し、発展してきたのか。筆者がキーパーソンにインタビューしました。

【カウフマン・フェローズの概要】

・累計フェロー数：765人
・フェローの累計国籍数：57カ国
・フェローの累積資金調達総額：8400億ドル（約100兆円）
・フェローによるVC創業数：280ファーム
・参加VC数：670ファーム
・投資案件：1万5000案件

【主な歴史や関係者】

・1994年	**カウフマン・フェローズ設立**	
	CEO	トリシュ・コステロ
	フェロー例	フィル・ウィックハム、ジェイソン・グリーン（エマージェンス）
・1995年～	**レクチャープログラム開始**	
	会長	ジェイソン・グリーン
	フェロー例	ブライアン・ロバーツ（ベンロック）
		ピーター・クラウィック（Amazon）
		アレックス・ユウ（Meta）
・2002年	**カウフマン財団から独立**	
・2005年	初めてCVC（インテル、ノバルティス）からのフェローが参加	
・2006年	米国外から初のフェローが参加（スウェーデン、シンガポール）	
	フェロー例	マヌーン・ハミッド（KPCB）
		ステファン・ファガーソン（クランダム）
		ジェニー・リー（GGV）
・2013年～	CEO	ジェフ・ハーバック
	名誉会長	フィル・ウィックハム

誕生以前（1990年）

組織名に冠されたユーイング・カウフマン氏は製薬会社の創業者だ。マリオン・ラボラトリーズを現在のダウに売却した資金でカウフマン財団を設立した。カウフマン・フェローズ・プログラムの前身は、この財団のもとに1990年ごろから存在した。

マイク・ハーマン
（Michael E. Herman）

マリオンラボラトリーズ元CFO、カンザスシティロイヤルズ元CEO。カウフマン氏の右腕として事業をサポート。カウフマン財団カウフマン・フェローズ・プログラム創立の立役者。

フィル・ウィックハム
（Phil Wickham）

カウフマン・フェローズ3代目CEOで現名誉会長。Sozoベンチャーズ共同創業者。カウフマン・フェローズ・プログラムの国際化を進め、CVCの参加を促進した。

――カウフマン・フェローズはどういう経緯で設立に至ったのですか。

マイク・ハーマン　始まりはコーヒーを飲みながらの会話だった。「あなたの資産は10億ドルにもなる。政府に５億ドル寄付するつもり？」。僕はカウフマンに、こう聞いた。「あなたが死んだら、５億ドルの税金を払うことになるんだよ」とね。

「じゃあどうすればいい？」とカウフマンが聞き返してきたから、「生きている間に、興味のあることに全部使えばいい」と言ったんだ。

カウフマンは、雇用創出にとても熱心だった。リサーチしてみると、大企業は雇用を創出するどころか、減らしていることが分かったんだ。雇用を生んでいるのは起業家だった。それで、雇用創出のカギとして起業を後押しする組織を作ることにした。

これがカウフマン・フェローズの前身、カウフマン起業リーダーシップセンターの始まり。カウフマン財団の中にできた、小さな組織だ。

——当時、ベンチャー・キャピタル(VC)は世間一般に認知されていたのですか。

マイク 当時、VCという職種はあまり知られていなかった。グレイロックやベンロック、セコイア・キャピタルといったVCが10社程度あっただけ。

しかも、彼らはとても秘密主義的だったんだ。その秘密を自分たちだけのものにしたかった。すごく怖い連中だったよ。でも、カウフマン財団は彼らへの出資者（LP）だったから、すごいプレッシャーをかけてやった。「次のファンドから資金を引き揚げるぞ」とか「君たちをブラックリストに載せるぞ」とかね。上着を脱いで、パンチを繰り出して、向こうがどう出るかをうかがうような交渉だった。

——カウフマン・フェローズは2021年時点で、世界50カ国に700人以上のフェローがいます。この成功についてどう思いますか。

マイク 本当に驚いている。どうしてそんなことが可能になったんだろう。もし故カウフマンが今の姿を知ったら喜ぶだろうけど、信じられないと思うだろうね。

フィル・ウィックハム 業界全体の成長が大きいと思う。カウフマン・フェローズが始まった1990年代中頃のベンチャー投資資金は、世界で50億ドルにも満たなかった。今では軽くその100倍を超える。もう1つ、カウフマン・フェローズが成功したと思う数字を挙げると、フェローの3分の1が自分でファンドを立ち上げたことだ。

マイク　それに関しては驚きではないね。もともとフェローには起業家になってほしいと思っていたから。

誕生（1994年）

カウフマンの死後、20億ドルの資産を持つカウフマン財団のもとにカウフマン・フェローズは本格的な教育組織として出発する。1994年に組織が立ち上がり、翌年に開講した。

トリシュ・コステロ

(Trish Costello)

カウフマン・フェローズ初代CEO。VCの投資を受けていた会社に在籍していたことをきっかけにカウフマン・フェローズの立ち上げメンバーに加わった。現在は、女性の悩みをテクノロジーで解決するフェムテック領域に投資するVCを経営する。

トリシュ　1994年当時は、起業を支援する慈善団体はなかったわ。内国歳入庁に、新手の脱税じゃないかと調査を受けるほどユニークなものだったの。立ち上げメンバーは6人。お金だけはあって、年間1億ドルもの資金をどう使うべきかすごく考えたわ。

最もお金を使ったのは、実は外部への寄付。バブソン大学に1000万ドルを寄付したの。当時、起業の授業があった唯一の大学だったから。

当時スタンフォードのビジネススクールには起業の授業はなかったし、ハーバードもそうだった。でもバブソンにはあった。カリキュラムは実務家向けだった。大学インキュベーターがあり、起業に関する専攻があった。起業の授業が設けられたのは、この大学が初めてだったのよ。

カウフマン財団の1000万ドルは、バブソン大学の起業家教育の仕組みづくりに投じられ、それはシカゴ大学、ハーバード、スタンフォード、ウォートン、ケロッグ、バークレーへとシェアされていった。私たちがバブソンに行って、起業担当の教授を訓練したこともあるわ。起業やVCを教えるという文化は、バブソン大学とカウフマン・フェローズが一緒に広めたといえるの。

私と一緒にカウフマン・フェローズ立ち上げメンバーになったジェフ・ティモンズはよく「全米に起業の種をまいているのだ」と言っていた。

フィル 当時は起業やベンチャー・ファイナンスが“学問”とは見なされてはいなかったよね。カウフマン・フェローズやバブソン大学のベンチャー・キャピタリスト養成モデルがそれを変えた。イノベーションは小さく起こって、大きく広がる。大学のビジネススクールでこれが起こった。

トリシュ 本当にね。カウフマン財団の寄付は、大きな変化をもたらしたと思う。ちょうど、起業して成功した卒業生から「起業やベンチャー・ファイナンスはビジネススクールで教えるべきだ」という指摘が上がりはじめ、現役の学生からもそういうプッシュが出てきた。そういう雰囲気にうまく乗った面もある。

――カウフマン・フェローズのカリキュラムはどう作ったのですか。

トリシュ ルーズリーフで授業をやっていたの。ベスト・プラクティスは次々と差し替えられるから。トップVCに何十時間も話を聞いて、ベストプラクティスを更新していった。こうした文化は、カウフマンが創業したマリオン社に由来するようね。マリオンは薬を開発するよりもライセンスを取得して、マーケットに合わせて試行錯誤しながらうまく販売する会社だった。

フィル　VCの話を聞き授業に反映させていく。こういうイノベーティブなやり方がカウフマン・フェローズ成功の要因だと僕も思う。

トリシュ　有能なベンチャー・キャピタリストに話を聞いて困ったのは、彼らが成功の要因をうまく表現できなかったこと。本人たちは意識せずにやっていることが、実は大切だったりするの。

私は、彼らのところにチームを派遣して、彼らが何をしているか観察させた。ミーティングに同行させ、分析に同席させたりもしたわ。そしてカウフマン・フェローズの最初の2期のフェローたちに、VCのやっていることの何が成功に寄与したか分析させたの。

フェローたちは当のベンチャー・キャピタリストよりも、VCのことや、ベスト・プラクティスは何かを明確に記録できることが分かった。最初の2年は、成功するベンチャー・キャピタリストの要素を明らかにするプロセスだったわ。

当時、VCは若者を雇わなかった。ベンチャー投資の能力は持って生まれたもので、教えられるものではないという考え方があったから。でも、カウフマン・フェローズは、ベンチャー・キャピタリストを育てられることを証明したの。私が知っているだけでも、12社のVCがカウフマン・フェローズの育成システムをコピーして人を育てたわ。

カウフマン・フェローズが発足した1990年代半ばは、ちょうどインターネットビジネスが急拡大した頃だった。こうした企業への投資でVCは勢いづいた。カウフマン・フェローズのカリキュラムはVC黎明期を陰で支えたと思うわ。

フィル　VCを育てることに懐疑的だった人たちが、5～6年後にはこぞってカウフマン・フェローズのメソッドを知りたいと言ってきたね。

独立（2002年）

ITバブルが崩壊した2001年、カウフマン財団の経営陣が代わったこともあり、カウフマン・フェローズは閉鎖の危機に陥る。この翌年、カウフマン・フェローズは財団からスピンアウトする。

ジェイソン・グリーン
(Jason Green)

カウフマン・フェローズ会長として、カウフマン財団からの独立に尽力した。2003年にエマージェンス・キャピタルを創業。SaaSの可能性をいち早く察知し、セールスフォース・ドットコムへの投資で成功した。

ジェイソン　財団からカウフマン・フェローズ終了を告げられたとき、何度か電話会議が開かれた。3回目の電話会議では、多くの悲しみと、フラストレーションと、ややパニックになったような雰囲気があった。どうすればいいか、皆分からないまま電話を切った。

フィル　電話会議のとき、私はジェイソンと同じ会議室にいた。電話会議が終わるとジェイソンは私を見て「我々はやるぞ、やってやろうじゃないか」と言ったね。「我々がやらなかったら、誰がやるんだ」と。スピンアウトはジェイソンが口火を切り、トリシュが実行した。どうしてそんなことができたんだい？

ジェイソン　究極的には、リーダーシップとは、問題に切り込むという決断にすぎない。あの決断をしたとき、真っ先にしたのは「私がやると言ったら一緒にやるか」と、君と、トリシュに聞くことだった。私は小さな種火で、それが大きなかがり火になる。どんな起業家でも、必要なのはそうした種火だけなんだ。

フィル　決断をキーパーソン全員に伝えて、一致団結させ、「これをやり遂げるぞ」というカルチャーをあっという間に作りあげた。私はあの感覚を今でも覚えている。電話会議の夜までは、不安があったけれど、数週間後には、「ああ、これはいける」という気持ちになっていた。

ジェイソンが新生カウフマン・フェローズの理事会を組織し、リーダーシップを執ってやり抜いた。

ジェイソン　実のところ、当時働いていたVCで、僕はもがいていた。自分の今後の道のりがはっきり思い描けなかったから。自分を燃えさせてくれる何かを探していたのかもしれない。インターネット・バブルの崩壊もあって、何か光を探していた。

カウフマン・フェローズのスピンアウト・プロジェクトは、勤めていたVCをやめる時期を早めたことは間違いない。その意味で、僕の人生を導いてくれたプロジェクトだった。

——**スピンアウト後は何が変わりましたか。**

ジェイソン　独立するまでに1年半くらい、時間の猶予があった。この間に、免税される非営利組織への登録なんかができた。手続きはトリシュがやって、彼女が独立後も引き続きCEOに就いた。その後、証券取引委員会（SEC）幹部だったパトリック・バーゲンをCEOとして迎えた。カウフマン・フェローズ出身者ではなかったけれども、堅実な手腕の持ち主だった。ちゃんとした大人の監督が来たという印象だったね。

彼が行ったのは規模拡大とグローバル化だ。独立前には年間15人ほどのフェローだったけれど、40〜60人という今の姿に近くなった。フェローの出身国も世界15カ国くらいに広がった。あとは、本部をカンザスシティ（ミズーリ州）からシリコンバレーに移した。

その後にフィルがCEOに就き、学費を上げたりフェロー数を増やしたりして、組織をついに黒字化した。名実ともに、カウフマン・フェローズは独立した組織になったんだ。

――カウフマン・フェローズが独立・拡大したことは成功でしたか。

ジェイソン　深い信頼関係とネットワーク効果が、複合効果をもたらしてきた。通常はネットワークが大きくなると、横のつながりは薄っぺらくなり、信頼を築くスピードは遅くなる。

フィルと私の場合も、何かを一緒にやっていて、うまくいかないことがあると、すぐに電話をして確認しあう。それで、起業家たちに「我々がついている」と言って安心させる。そうしたことを、自信たっぷりに迅速にできることは、とても重要だ。つまり信頼の銀行をつくって、必要に応じてときどき引き出すわけだ。

今は業界全体がとても大きくなり、人間関係は取引的になり、善意は最も珍しいものになった。フェロー同士の信頼関係は、その他の多くのフェロープログラムと比べたときの優位性になっている。この事実は過小評価されていると思うね。

ジェイソン　投資先だったサービスマックスやズーム、ドリシティの成長においては、カウフマン・フェローズのネットワークが信じられないような役割を果たしてくれた。カウフマン・フェローズでの信頼ネットワークが重要な役回りを演じたエピソードだったら、10は挙げられるよ。

ほかのフェローも、やはりそうしたエピソードが10くらいあるだろう。全部で800人のフェローがいて、それぞれに10とか15のゲームチェンジングな瞬間があったなら、総量ではすごいインパクトだ。

発展

カウフマン・フェローズは現在、毎年60人程度のフェローを受け入れる大きなプログラムとなり、累計765人（2022年２月時点）のフェローがいる。

ジェフ・ハーバック

(Jeff Harbach)

カウフマン・フェローズの現CEO。
2002年から起業家および投資家として活動。2011年に16期のフェローとなる。2014年6月にカウフマン・フェローズ・プログラムのリクルートとクラス設計のマネージングディレクターとして参加して以来、ユニークな視点と情熱を注いでいる。

ジェフ・ハーバック　今は、カウフマン・フェローズ・プログラム修了生の巨大なネットワークができている。特定の領域に関心があるグループがあったり、エリアごとのグループがあったりする。スラックなんかのオンラインチャットもあるしね。みんなネットワークづくりが大好きだ。

――現在のカウフマン・フェローズの選抜基準はどんなものですか。

ジェフ　選抜に当たっての中核的な理念は昔から変わらない。ポイントは３つある。①基本的な投資の見識があること。恐らく８割はビジネスをやったり、それに資金を投じたりしている。残り２割はワイルドカード、つまり変わった経歴の人だ。

②世界に特大のインパクトを与えるポテンシャルがあること。意欲的、実

験的、成長志向で、ユニークなことをやっている人だ。起業家のために闘っているとか、サポートする仕組みを築いているような人。行動を起こすのにあれこれ条件を付けず「これをやろうと思う。一緒にやりたいなら歓迎だ」という姿勢の人だね。

最も重要な③は「感じの悪い奴はお断り」ってこと。我々のネットワークにユニークに交ざり合って、文化を高め、拡張してくれる人じゃないと迎えられない。価値観が一致していないと、これは無理だ。謙虚でディープな共感力、それから感謝の気持ちが必要。感謝は、リーダーシップの最大の指標だ。

フェローの選抜では、こうした価値観を測定する方法が洗練されてきた。実際に①～③の価値観を持って生きてきたかを見抜けるようになってきた。

――どのようなことを学ぶのですか。

ジェフ　投資家として自分の天才的な領域を知ること、その領域を投資に反映させること、自分自身のブランドを構築すること、起業家とどのように交流するかなど適切な行動を学ぶこと。

毎年、カリキュラムは全体のうち3割が更新される。フェローに聞き取り調査し、新しく重要なトレンドを察知する。カウフマン・フェローズもコンスタントに成長しているといえる。7割については、歳月が経っても変わらない普遍的な内容だ。

――どんなゲストスピーカーを招くのですか。

フィル　VCビジネスは、直感に反することだ。VCの成功の秘訣は、悪いアイデアに見える良いアイデアに投資すること。たいていの失敗は、良く見えるアイデアに投資して、悪いアイデアだったというもの。常識を揺さぶるような、新たな視点で物事を考えさせるようなゲストスピーカーを招く。今はゲストスピーカーと呼ばずに、ディスカッションリーダーという。ディスカッションをリードしてもらう存在だ。

――VCに関心のある30歳の若者がいたなら、何とアドバイスしますか？

ジェイソン　まず、素晴らしい業界であることを伝えたい。地球上で最高の業界だと思う。もし起業のプロセスが好きで、誰かの成功を通じて生きることが好きなら、VCは素晴らしい仕事だと思う。大きなインパクトを与えられるし、とても有意義で、とてもパーパスに満ちている。報酬もいい。自分のゲームを選ぶこともできる。

この業界には、絶対に成功するプレーブックというものは存在しない。パターンを作って、その有効性が証明されても、また新しい勝ち方が出てくる。それは、とても楽しいと思う。誰もが自分のユニークな方法を試すチャンスがあるということだからね。自分の独創性と、関心と、情熱を活用できる。

この業界で素晴らしいことをしたいという内なる欲求や情熱が必要だ。自分の内面からくる本物の好奇心がなければいけない。報酬や、見聞きした表面的な成功物語への憧れではダメだ。そういうストーリーは多くの人を惹きつけるかもしれないけれど、何より自分の内からくるモチベーションがはっきりしている必要がある。このビジネスにはサイクルがあると私はまだ思っているから――もう長いこと（縮小局面を）見ていないけどね――、もし調整局面に入ったとき乗り越えるためには、内なるモチベーションがあったほうがいい。

つまり、私のアドバイスとしては、一生懸命努力して、学び続けて、15年とか20年費やしてもいいと思うなら、ほぼ無限のチャンスがある業界だ。

フィル　まずは毎日きちんとした姿勢で仕事に臨み、適切なことをすべてこなし、その経験から学び、翌日少し成長してまた仕事に臨む――これを繰り返すことが大切だ。20年間、毎日正しい姿勢で仕事に臨めば、インパクトを与えられるようになるし、たくさん稼げるだろう。世界中の誰よりも、毎日、あらゆる瞬間を楽しむようになる。

私が日本について心配なのは、その完璧主義の文化だ。この業界は、アンチ完璧主義だ。つねに実験が必要で、混乱しているビジネスだ。せっかく習慣をつくっても３カ月で捨てなくてはいけないかもしれない。日本は完璧なプロセスや習慣にこだわる傾向があるから、こうしたことが難しくなる可能性がある。

コウ（筆者）と私は2016年にやったディールについて、まるで（19世紀に南極を探検した）ルイス・クラーク探検隊みたいだとジョークを言うことがある。それからわずか５年で起きた大きな変化を考えると、当時は200年前くらいに感じられる。だから、成功と失敗という考え方からは距離を置き、楽しいとか、実験とか、冒険といった感覚をもっと浸透させる必要がある。

ジェイソン　とてもいいポイントだ。この業界のトップでも、たいていの場合は失敗を経験している。だから失敗を快く受け入れられないと、このビジネスを大嫌いになるだろう。自分がお粗末な判断をしたことを、しょっちゅう見せつけられるわけだから。こうした失敗から学ぶメンタリティがないと、そしてこのスポーツを日々うまくなっていくことが好きでないといけない。とにかく懸命にプレーを続ければ、そして人を大切にすれば、スピーディに幸運をつかめるかもしれない。

フィル　これは算数だ。仮にうまくいかなかったディールが５つあっても、成功する巨大なディールが１つあったら？　そのディールが大きな利益をもたらした後は、たくさんミスをする余裕がある。アイデアを毎日次々と出しても９日間は失敗続きで、10日目はうまくいくかもしれない。ダメだった日に１日１倍の損を出しても、うまくいくアイデアは1000倍のインパクトを放てる。こうした決定、こうした文化は蓄積できるから、やがて1000倍のアイデアを何百個も出さなくても、ビジネスとしては大きな成功を収められるようになる。

マイク　僕は10年近く日本にいたから分かるんだけど、文化的なことが影響していそうだ。日本では、失敗したらメンツを失う。一か八かやってみるという気風がない。もし失敗したらそこから学び、次に進めばいいのだけど。そこから得られるスキルがある。でも、日本は失敗すると「さらし者」になってしまう。今もそうなのかな？

フィル　だいぶ変わってきていると思う。でも、変わらなければいけないことはたくさんある。日本は大きな経済力があるけれど、ベンチャー・キャピタルは米国の1995年、ちょうどカウフマン・フェローズができた頃と同じレベルだ。この本をコウが書いたのは、日本でもVCに対する理解が深まることを期待してのことなんだ。

――ありがとうございました。インタビューしながら、映画『オデッセイ』の主人公のセリフを思い出しました。地球に戻ってきて「ずっと正しい方向に計算を続けて、どうにか帰ってこられた」というセリフです。

ジェイソン　まさに、そういう感じだね。

（了）

Epilogue

終章

ベンチャー・キャピタルは、
たぶん登山のパーティーに一番よく似ている。

カウフマン・フェローズ名誉会長
フィル・ウィックハム

1 孫正義のタイムマシンから降りることができたのか

本書を書いた動機について、過去にさかのぼって少し個人的なことも記しておきます。

筆者がベンチャー企業と初めて関わりを持ったのは1995年、大学生３年生の頃でした。ひょんな縁でソフトバンクの下で日本のヤフー立ち上げプロジェクトに参加することになったのです。

ハイテクバブル前夜

ヤフーに関わる以前、大学生の筆者は友人らとともに企業のホームページを作るビジネスをしていました。起業に興味があったわけではなく、たまたまインターネットという新しい技術に出合い、面白いから関わっているうちに仕事が来るようになりました。「ホームページというものがあるらしいのだけれど、作ってくれない？」。それなりに大きな企業から、そんなざっくりとした依頼が舞い込むようになったのです。

シリコンバレーでハイテクバブルが膨らみ始めた頃で、94年にはジェリー・ヤンらがヤフーを設立しました。95年にネットスケープ が創業後１年半でIPOを果たし、98年にはグーグルが創業しています。95年初めに700台半ばだったナスダック指数は、97年に入ると倍の1400を付けました。感度の高い経営者が、日本にこの風を持ち込もうとしていました。

孫正義です。創業したソフトバンクは、94年にIPOを果たしていました。

彼は設立間もない社員数人のヤフーの企業価値を200億円と見積もり、即断で出資。弟の孫泰蔵や、後にソフトバンクで右腕となる井上雅博を使い、日本に輸入しようとしました。

ソニービルでの出会い

東京・銀座にある、数寄屋橋交差点の一角。今はソニーパークという公園になっていますが、当時は「ソニービル」がありました。大学３年生の私は、そこで行われた学生イベントの主催者の一人でした。「大学生に何ができるか？」といったテーマの集まりだったと思います。

その会場にやってきたのが、孫泰蔵でした。

ソフトバンクは、いわゆる「タイムマシン経営」を展開していました。米国でビジネスが成功すれば、数年後、日本で同じビジネスが成功する。タイムマシンに乗って未来に行くように米国を訪れ、タイムマシンで過去に戻るように日本に戻って同じビジネスを展開すれば儲かる。米国で誕生したビジネスを日本に次々と持ち込み、成功していたのです。ヤフーは、その主役のような存在です。

「一緒にヤフージャパンを立ち上げないか？」

ソニービルで孫泰蔵と話しているうちに、学生からすればびっくりするような額の契約金で、ヤフー構築の足回り作業を請け負うというプロジェクトに参加することになったのです。そんな額でも安いといえるほど膨大な仕事量であることに気づいたときには、後の祭りでした。

ヤフージャパンの立ち上げ

日本のヤフーの出発は、いわばURLの電話帳サービスでした。ウェブサイトをカテゴリー分けし、ツリー構造にする。それを手作業でやるチーム、システムを作るチームと分かれてプロジェクトを進めました。

これが、作業しても作業してもまったく先が見えない。寝食を忘れてとはこのことで、本当に毎日毎日、作業に没頭していました。

孫正義は、学生であっても兄弟であっても容赦はなく「契約したものはその通りにやれ」というスタンスが一貫していました。しかも、できるかどうか分からなくても相手先に約束し、作業のゴールは動いたり、遠のいたり、どこかに見えなくなってしまったり。

私たちが右往左往するものだから、井上らに毎日のように怒られました。本当にトラウマになるくらい。当時、まともな食事をとる時間ももったいなく、近所のコンビニエンスストアで食料を調達していたのですが、今でもそのコンビニチェーンの店に入ると店内のにおいで当時の記憶が蘇り、じわりと鼓動が速くなるほどです。

いま思えば、井上やヤフー社員第一号の有馬誠（後のヤフー常務取締役）も実は手探りで、暗闇の中をもがいていたような気がします。学生の私にとってみれば、暗闇にいるのかどうかさえ分からず、ひたすら謝って根性で頑張る日々でした。大学に最低限は通っていましたが、卒業までほとんどの学生生活をヤフーのプロジェクトに捧げました。

「ヤフーは、初年度から黒字が出た素晴らしいプロジェクトだった。ああいう風にやらなきゃいかん」。孫正義がそう言っていたと、後に人づてに聞きました。もちろん井上や有馬の貢献のお蔭ですが、私たちの死に物狂いの努力も手前味噌ですが少しは寄与したのではと思います（笑）。絶対にできるわけがない予算で仕事をやり遂げてしまった。

米国のまったく新しいビジネスを、日本で真似る。ヤフー立ち上げの最も足回りの部分をゼロから担ったことは、振り返ってみれば得難い経験でした。それから実に四半世紀が経ち、巡り巡って筆者は米国で生まれたビジネスの日本展開のサポートをしています。

しかしながら、考えてみれば逆はありません。

日本で生まれた革新的ビジネスの米国展開を本格的にサポートしたことは一度もないのです。不意に、思うことがあります。私たちは、あの日ソニービルで偶然乗ってしまった、孫正義のタイムマシンから降りることができたのだろうか、と。

日本のスタートアップ産業を、VCの側から盛り上げていきたい。これが、本書を執筆した根本的な動機です。

なぜ日本においてスタートアップが育ちにくいのかについては、本論においていくつかの仮説を提示しました。最後に、もう少し根本的な要因、肌感覚として感じる要因についても考えてみます。

2 日本のサイジニアと米国のツイッター

2009年にカウフマン・フェローズを修了した後、私は日本の三菱商事に戻り、インキュベーション・ファンドを同期のMBA帰りの数人と立ち上げました。そこでは、デジタル・マーケティングを手掛けるサイジニアという日本のスタートアップをIPOまで手掛け、時を同じくしてツイッターの日本展開を支援する仕事もしました。この２つの案件で、私は対照的な体験をしました。

カウフマン修了からSozoベンチャーズ立ち上げまでの数年という短い期間に、日本と米国の交点にいて感じたことをつづって、この本の結びに代えたいと思います。

VCは投資効率が悪い?

サイジニアは時価総額にして数十億円規模の利益を投資家にもたらしたIPO案件でした。投資して４年後のイグジットは、素晴らしく順調に成功したほうだと思います。しかし、三菱商事内の反応は「これだけの人数で４年もかけて、ベンチャーは数十億円しか儲からないのか」というものでした。当時は資源バブルだったこともあり、１人で数百億、数千億円単位を動かす鉱山権益ビジネスが活況だったため、VCはいかにも投資効率の悪いビジネスに映っていました。

確かにこれだけ小粒では、本格的にVCをやって永続させていくのは難しいかもしれません。私自身もそう感じました。

もう1つ、インキュベーション・ファンドをやっていて感じたのは、日本の会社が、CVCとしてスタートアップにお金を出すときと、スタートアップの商品を顧客として採用するときの、態度のちぐはぐさです。

CVCは、手触り感や一緒に何かを育てる実感を重視する傾向にあり、アーリーステージのスタートアップに出資をしたがります。ところが日本の既存企業は、そういったアーリーステージのスタートアップのサービスや商品を顧客として採用することがほとんどないのです。三菱商事のネットワークでも、誰も最初のユーザーになってくれません。

ユーザーになる、または共同でビジネスをやる、という段になると、スタートアップのリスク面に目を向けます。このため、米国のネットワークを使って顧客を紹介してもらい、いったん米国で採用の実績を作ってから日本に逆輸入する、というプロセスが必要でした。スタートアップに対する態度が、出資する側からのときと、ビジネス側からのときでまったく異なるのです。

カウフマン・フェローズで米国のVCを目の当たりにしていた私が「日本でVCをやるのは正直きついな」と思ってしまったのは事実です。

一方でこの頃、私はツイッターの日本展開のサポートを手がけていました。日本のスタートアップに対する態度と比べると、日本の大手企業のツイッターに対する反応は非常によいものでした。米国で実績があるという事実が、少なからず安心感につながっているようでした。

ツイッター支援で学んだこと

私がツイッターを支援するようになったのは、カウフマン・フェローズ・プログラムを修了して間もなくです。当時から、グローバル展開をサポートするVCを立ち上げたいというアイデアを温めていたため、Sozoベンチャーズの共同創業者で、私のカウフマン・フェローズ時代のメンターであり、またカウフマン・フェローズ会長でもあるフィル・ウィックハムに相談してみました。すると、ファンドを立ち上げる前に実際に1件の日本展開をサポートするプロジェクトをやってみるように勧められました。すでに何回か言及した通り、当時はスタートアップのIPO前のグローバル化の必要性が認識され始めた頃でした。そして、日本はグローバル展開先として意外にもニーズが高かったのです。

フェイスブック、ツイッター、グルーポン（GROUPON）、リンクドイン（LinkedIn）、イェルプ（Yelp）などにヒアリングして回り、相性のよかったツイッターを支援することに決めました。日本に帰国し、三菱商事でインキュベーション・ファンドを立ち上げつつ、ツイッターのサポートを始めたのです。そしてサポートは、思った以上にうまくいきました。

2011年第3四半期、一部の海外市場で販促用プロダクトを発売した。最近ではオーストラリア、ブラジル、カナダ、日本、英国といった特定の国にマーケティング投資を集中している。

これはツイッターが2013年にIPOする際のForm S-1（日本の上場目論見書に当たる）の中にある一文です。IPOの2年前、11年の段階でツイッターは「マーケティング投資を集中」するほどに日本でのマネタイズに成功していました。

ツイッターは私が帰国する前からすでに日本に展開していましたが、マネタイズに苦労していました。私は広告代理店以外の販売チャネルを開拓することを考え、コンビニの販促費に目を付けました。ローソンのポイントサービス、ポンタのIDとツイッターを連動させたのです。ポンタのユーザーがローソンに来店する前に、ツイッターでローソンの広告を見ていれば、恐らくその人はツイッターを見てローソンに来店したことになります。どのような人が、どんなツイッター広告を見たらローソンに引き寄せられるのか、データを見れば分かります。そのデータをローソンに売るモデルに、転換したのでした。
「どうやって日本でマネタイズしているんだ？」
急に日本で売上が上がりだし、ツイッター創業者のジャック・ドーシーが尋ねてきたほどです。「S-1にも書きたい」と。しばらくしてツイッターから「次のラウンドで投資枠を用意する」と提案があり、三菱商事が出資するファンドからツイッターに投資をすることができました。そしてこれが縁で、ツイッターCFO（当時）からパランティアを紹介され、Sozoベンチャーズ設立へとつながったのです。

3 カウフマンの教室で教えられたこと、教えたいこと

曖昧な表現になってしまいますが、日本の大手企業や、もしかしたら日本全体が、スタートアップに対して勝手にロマンのようなものを感じる一方、裏腹に、根深い「信頼できない何か」を抱いているのではないだろうかと思うことがあります。案外、スタートアップとVCやCVCの間には目に見えない断絶、すれ違いがあるように感じるのです。

VCは登山のパーティだ

前出のフィル・ウィックハムはよく「VCは登山のパーティだ」と言います。エベレストにアタックし、頂上に立つ人が目立ちますが、実際には食事を作る人、荷物を運ぶ人など多くの人が支えています。
VCも同じで、投資先を開拓してくる者もいれば、デューデリジェンスで膨大な文書に向かい、さらに投資先のエンドユーザーらに電話をかけまくってサービスの質を聞き出す者もいます。複雑なファンドの運用計画を立てる人も、規制に対応する人も、レポートを作成する人もいます。米国のVCの中に、日本で投資先のサポートに奔走するベンチャー・キャピタリストがい

ることを知っている方は少ないでしょう。登山には技術と装備が必要で、VCも同様であることは述べてきた通りです。

総勢20人前後の登山パーティ、ベンチャー・キャピタルには、これまで言及してこなかった必須の要素がもう1つあります。分かり合うための深いコミュニケーションです。

私は今ではカウフマン・フェローズ・プログラムの教壇に立つこともあります。そこでは、Sozoベンチャーズで知らぬ間に生じていたコミュニケーションの「断絶」について話すことがあります。

スタンフォード大学のCDR[81]（Center of Design Research）の研究室が、私たちSozoベンチャーズを対象に面白いケーススタディをしました。異なる組織間のコミュニケーションに関する研究の一環として、米国のスタートアップと日本の大手企業のコミュニケーションをどう成立させるかというスタディが行われたのです。私たちのミーティングやイベントに半年ほどコミュニケーション解釈の研究者[82]が張り付きました。リサーチ結果で興味を惹かれたのは、米国のスタートアップと日本企業の組織間コミュニケーションに関する点ではなく、むしろSozoベンチャーズ内の、米国オフィスと東京オフィスとのコミュニケーションに関する発表でした。

両オフィスは毎日話していましたし、毎週月曜日は情報交換のミーティングをしていました。しかし、研究者らは発表で「両オフィスはまったくコミュニケーションが取れていないし、同じ打ち合わせでもまったく別の理解をしている」と言うのでした。

実は、米国オフィスの参加者が考えていることと東京オフィスの参加者が

81　工学部傘下のStanford Desighにある研究組織。日本でもよく知られる「デザインシンキング」を広めたd-schoolと並列の組織で、d-schoolが主に物のデザインを研究するのに対し、CDRはインセンティブや組織構造など人のデザインを研究する。
82　夫婦のコミュニケーションを観察して、特定の言動や表情からお互いがどのくらい同意しているのか、不満に思っているのか、また、それがどのくらい離婚に結びつくかなどを研究する。

考えていることが、全然違っていたのです。

ミーティングでは、米国オフィスのメンバーは「週末は何をして過ごしていた？」といったアイスブレイクから始めます。お互いの距離を縮めるために敢えて雑談をするわけですが、東京オフィスはこのとき「こんなにいっぱい人がいて時間を使っているんだから、早く本題に入ろうよ」とじりじりしています。

東京オフィスは、きっちりとアジェンダを用意して話します。米国オフィスは「読めば分かることを、ここで読まなくても……」と思っているわけです。米国のメンバーは、データ照合的にアドリブでこまごまと質問するのですが、東京オフィスは「ランダムにやるのではなく、きちんとアジェンダを用意してほしい」と思っている。お互い毎週ミーティングに参加してずっと話していても、まったく分かりあえていなかったのです。

ギャップを埋める努力を続ける

スタンフォード大学のコミュニケーション研究者は、見たもの聞くものが同じであっても、異なる環境にいる人はそれぞれ異なる理解をして、そのギャップは日に日に深まっていくと説明しました。出資先のスタートアップのボードミーティングでも、コンテンツとコンテクストが一致していないと、お互いのギャップはどんどん広がっていくわけです。

つまり、スタートアップを支援する側がいつまでも「自分たちはお金を出している大企業側である」「小さなスタートアップを支援している大企業側である」という認識でいては、スタートアップが本当に必要としていることや、彼らが考えていることに対する認識ギャップを乗り越えることはなかなか難しいかもしれません。

今では、私たちは互いのコミュニケーションが実は難しいことを理解したうえで、時間面でも労力面でも敢えてコストをかけてコミュニケーションすることを大切にしています（毎週月曜日の情報交換は３時間にも及びます）。

コミュニケーションを通じて、米国と日本、大企業とスタートアップ、出資する側と調達する側、選ぶ側と選ばれる側、幾重にも重なる環境と立場のギャップを埋めていこうとしています。

つまりそれは、カウフマン・フェローズ・プログラムの教室でリサ・スタックに教えられた言葉「ハンズオンなどと上から目線の認識でベンチャー・キャピタリストの仕事をするな」を今なお実践していることにほかならず、またそれをカウフマンで続く世代に伝えているのです。

索　引

数字・アルファベット

あ行

か行

さ行

た行

な行

は行

ま行

や行

ら行

わ行

[著者]

中村幸一郎（なかむら・こういちろう）

Sozo Venturesファウンダー/マネージングディレクター
大学在学中、日本のヤフー創業に孫泰蔵氏とともに関わる。新卒で入社した三菱商事では通信キャリアや投資の事業に従事し、インキュベーション・ファンドの事業などを担当した。米国のベンチャー・キャピタリスト育成機関のカウフマン・フェローズ・プログラムを2009年に首席で修了（ジェフティモンズ賞受賞）。同年にSozo Venturesを創業した。ベンチャー・キャピタリストのグローバル・ランキングであるマイダス・リスト100の2021年版に日本人として初めてランクインし（72位）、2022年はさらに順位を上げた。シカゴ大学起業家教育センター（Polsky Center for Entrepreneurship and Innovation）のアドバイザー（Council Member）。早稲田大学法学部卒、シカゴ大学MBA修了。

[協力]

カウフマン・フェローズ・プログラム（Kauffman Fellows Program）

米国シリコンバレーに本拠を置く非営利団体による、体系化されたベンチャー・キャピタリスト業界の次世代リーダー育成プログラム。1995年のスタート以来、世界57カ国から765名以上のベンチャー・キャピタリストたちがプログラムに参加し、グローバルなネットワークを形成。修了したフェローたちはベンチャー・キャピタルのみならず、世界各国で企業や政府、アカデミアのイノベーション活動をリードしている。

スタートアップ投資のセオリー
——米国のベンチャー・キャピタリストは何を見ているのか

2022年6月7日　第1刷発行

著　者——中村幸一郎
協　力——カウフマン・フェローズ・プログラム
発行所——ダイヤモンド社
〒150-8409　東京都渋谷区神宮前6-12-17
https://www.diamond.co.jp/
電話／03･5778･7233（編集）　03･5778･7240（販売）
編集協力——大酒丈典、松田弘貴(Sozo Ventures)
ブックデザイン—トサカデザイン(戸倉 巌、小酒保子)
口絵デザイン—うちきばがんた(G体)
DTP・作図—桜井 淳
翻訳協力——藤原朝子
校正————聚珍社
製作進行——ダイヤモンド・グラフィック社
印刷————勇進印刷
製本————本間製本
編集担当——柴田むつみ

ISBN 978-4-478-11386-8